Volt

Candide

ou l'Optimisme

Dossier réalisé par
Alain Sandrier

Lecture d'image par
Alain Jaubert

folioplus
classiques

Alain Sandrier, né en 1970, est ancien élève de l'École normale supérieure, agrégé de lettres modernes. Il a soutenu une thèse sur l'athéisme au XVIII[e] siècle, en 2001. Spécialiste de l'histoire de l'hétérodoxie classique, il s'est intéressé à la lutte de Voltaire contre «l'Infâme».

Alain Jaubert est écrivain et réalisateur. Après avoir été enseignant dans des écoles d'art et journaliste, il est devenu aussi documentariste. Il est l'auteur de nombreux portraits d'écrivains ou de peintres contemporains pour la télévision. Il est également l'auteur-réalisateur de *Palettes*, une série de films diffusée depuis 1990 sur la chaîne Arte et consacrée à la lecture de grands tableaux de l'histoire de la peinture.

Couverture : Pietro Longhi, *Le rhinocéros*. Musée Ca' Rezzonico, Venise. Photo © G. Dagli Orti.

© *Éditions Gallimard, 2003.*

Sommaire

Sommaire

Candide
ou l'Optimisme

Candide
ou l'Optimisme

Traduit de l'allemand
de M. le docteur Ralph

avec les additions qu'on a trouvées
dans la poche du docteur,
lorsqu'il mourut à Minden, l'an de grâce 1759.

CHAPITRE PREMIER

Comment Candide fut élevé
dans un beau château,
et comment il fut chassé d'icelui

Il y avait en Westphalie, dans le château de M. le baron de Thunder-ten-tronckh, un jeune garçon à qui la nature avait donné les mœurs les plus douces. Sa physionomie annonçait son âme. Il avait le jugement assez droit, avec l'esprit le plus simple; c'est, je crois, pour cette raison qu'on le nommait Candide. Les anciens domestiques de la maison soupçonnaient qu'il était fils de la sœur de monsieur le baron et d'un bon et honnête gentilhomme du voisinage, que cette demoiselle ne voulut jamais épouser parce qu'il n'avait pu prouver que soixante et onze quartiers [1], et que le reste de son arbre généalogique avait été perdu par l'injure du temps.

1. Les quartiers expriment le degré d'ascendance en matière de noblesse. L'aristocratie allemande était souvent ridiculisée au XVIIIe siècle pour son obsession des titres.

Monsieur le baron était un des plus puissants seigneurs de la Westphalie, car son château avait une porte et des fenêtres. Sa grande salle même était ornée d'une tapisserie. Tous les chiens de ses basses-cours composaient une meute dans le besoin[1]; ses palefreniers étaient ses piqueurs; le vicaire du village était son grand aumônier. Ils l'appelaient tous monseigneur, et ils riaient quand il faisait des contes[2].

Madame la baronne, qui pesait environ trois cent cinquante livres[3], s'attirait par là une très grande considération, et faisait les honneurs de la maison avec une dignité qui la rendait encore plus respectable. Sa fille Cunégonde, âgée de dix-sept ans, était haute en couleur, fraîche, grasse, appétissante. Le fils du baron paraissait en tout digne de son père. Le précepteur Pangloss[4] était l'oracle de la maison, et le petit Candide écoutait ses leçons avec toute la bonne foi de son âge et de son caractère.

Pangloss enseignait la métaphysico-théologo-cosmolonigologie[5]. Il prouvait admirablement qu'il n'y a point d'effet sans cause, et que, dans ce meilleur des mondes possibles, le château de monseigneur le

1. C'est-à-dire « en cas de besoin », « si besoin était ».
2. Médire, railler, faire des (mauvaises) plaisanteries.
3. Soit environ 175 kilos.
4. Nom évocateur, à la manière de Rabelais, forgé à partir de deux racines grecques. Littéralement « tout langage ».
5. Voltaire parodie facétieusement les dénominations que reçoit la philosophie de Leibniz : en 1735, le père Castel la qualifiait de « doctrine physico-géométrico-théologique ». La « cosmologie » est un terme mis à la mode par les disciples de Leibniz : Voltaire y insère malicieusement *nigo*.

baron était le plus beau des châteaux et madame la meilleure des baronnes possibles.

« Il est démontré, disait-il, que les choses ne peuvent être autrement : car, tout étant fait pour une fin, tout est nécessairement pour la meilleure fin. Remarquez bien que les nez ont été faits pour porter des lunettes, aussi avons-nous des lunettes. Les jambes sont visiblement instituées pour être chaussées, et nous avons des chausses[1]. Les pierres ont été formées pour être taillées, et pour en faire des châteaux, aussi monseigneur a un très beau château ; le plus grand baron de la province doit être le mieux logé ; et, les cochons étant faits pour être mangés, nous mangeons du porc toute l'année : par conséquent, ceux qui ont avancé que tout est bien ont dit une sottise ; il fallait dire que tout est au mieux. »

Candide écoutait attentivement, et croyait innocemment ; car il trouvait Mlle Cunégonde extrêmement belle, quoiqu'il ne prît jamais la hardiesse de le lui dire. Il concluait qu'après le bonheur d'être né baron de Thunder-ten-tronckh, le second degré de bonheur était d'être Mlle Cunégonde ; le troisième, de la voir tous les jours ; et le quatrième, d'entendre maître Pangloss, le plus grand philosophe de la province, et par conséquent de toute la terre.

Un jour, Cunégonde, en se promenant auprès du château, dans le petit bois qu'on appelait *parc*, vit entre des broussailles le docteur Pangloss qui donnait une leçon de physique expérimentale à la femme de

1. Les chausses sont des sortes de culottes et de bas combinés. Chaussées signifie donc « revêtues de culottes ».

chambre de sa mère, petite brune très jolie et très docile. Comme Mlle Cunégonde avait beaucoup de dispositions pour les sciences, elle observa, sans souffler, les expériences réitérées dont elle fut témoin ; elle vit clairement la raison suffisante du docteur, les effets et les causes, et s'en retourna tout agitée, toute pensive, toute remplie du désir d'être savante, songeant qu'elle pourrait bien être la raison suffisante du jeune Candide, qui pouvait aussi être la sienne.

Elle rencontra Candide en revenant au château, et rougit ; Candide rougit aussi ; elle lui dit bonjour d'une voix entrecoupée, et Candide lui parla sans savoir ce qu'il disait. Le lendemain après le dîner, comme on sortait de table, Cunégonde et Candide se trouvèrent derrière un paravent ; Cunégonde laissa tomber son mouchoir, Candide le ramassa, elle lui prit innocemment la main, le jeune homme baisa innocemment la main de la jeune demoiselle avec une vivacité, une sensibilité, une grâce toute particulière ; leurs bouches se rencontrèrent, leurs yeux s'enflammèrent, leurs genoux tremblèrent, leurs mains s'égarèrent. M. le baron de Thunder-ten-tronckh passa auprès du paravent, et voyant cette cause et cet effet, chassa Candide du château à grands coups de pied dans le derrière ; Cunégonde s'évanouit ; elle fut souffletée par madame la baronne dès qu'elle fut revenue à elle-même ; et tout fut consterné dans le plus beau et le plus agréable des châteaux possibles.

CHAPITRE SECOND

Ce que devint Candide
parmi les Bulgares

Candide, chassé du paradis terrestre, marcha longtemps sans savoir où, pleurant, levant les yeux au ciel, les tournant souvent vers le plus beau des châteaux qui renfermait la plus belle des baronnettes ; il se coucha sans souper au milieu des champs entre deux sillons ; la neige tombait à gros flocons. Candide, tout transi, se traîna le lendemain vers la ville voisine, qui s'appelle Valdberghoff-trarbk-dikdorff, n'ayant point d'argent, mourant de faim et de lassitude. Il s'arrêta tristement à la porte d'un cabaret. Deux hommes habillés de bleu le remarquèrent : « Camarade, dit l'un, voilà un jeune homme très bien fait, et qui a la taille requise. » Ils s'avancèrent vers Candide et le prièrent à dîner très civilement. « Messieurs, leur dit Candide avec une modestie charmante, vous me faites beaucoup d'honneur, mais je n'ai pas de quoi payer mon écot [1]. — Ah ! monsieur, lui dit un des bleus, les personnes de votre figure et de votre mérite ne payent jamais rien : n'avez-vous pas cinq pieds cinq pouces de haut [2] ? — Oui, messieurs, c'est ma taille, dit-il en faisant la révérence. — Ah ! monsieur, mettez-vous à table ; non seulement

1. L'écot désigne la part qui revient à chacun. L'expression veut donc dire « payer sa part ».
2. Soit environ 1,80 mètre.

nous vous défrayerons [1], mais nous ne souffrirons jamais qu'un homme comme vous manque d'argent; les hommes ne sont faits que pour se secourir les uns les autres. — Vous avez raison, dit Candide : c'est ce que M. Pangloss m'a toujours dit, et je vois bien que tout est au mieux. » On le prie d'accepter quelques écus, il les prend et veut faire son billet [2]; on n'en veut point, on se met à table : « N'aimez-vous pas tendrement?... — Oh! oui, répondit-il, j'aime tendrement Mlle Cunégonde. — Non, dit l'un de ces messieurs, nous vous demandons si vous n'aimez pas tendrement le roi des Bulgares. — Point du tout, dit-il, car je ne l'ai jamais vu. — Comment! c'est le plus charmant des rois, et il faut boire à sa santé. — Oh! très volontiers, messieurs »; et il boit. « C'en est assez, lui dit-on, vous voilà l'appui, le soutien, le défenseur, le héros des Bulgares; votre fortune est faite, et votre gloire est assurée. » On lui met sur-le-champ les fers aux pieds, et on le mène au régiment. On le fait tourner à droite, à gauche, hausser la baguette [3], remettre la baguette, coucher en joue, tirer, doubler le pas, et on lui donne trente coups de bâton; le lendemain il fait l'exercice un peu moins mal, et il ne reçoit que vingt coups; le surlendemain on ne lui en donne que dix, et il est regardé par ses camarades comme un prodige.

Candide, tout stupéfait, ne démêlait pas encore

1. C'est-à-dire « nous payerons vos frais » et plus précisément ici « nous payerons votre consommation ».
2. Le billet vaut une reconnaissance de dette.
3. La baguette désigne la tige servant à presser la charge dans le canon d'un fusil.

trop bien comment il était un héros. Il s'avisa un beau jour de printemps de s'aller promener, marchant tout droit devant lui, croyant que c'était un privilège de l'espèce humaine, comme de l'espèce animale, de se servir de ses jambes à son plaisir. Il n'eut pas fait deux lieues[1] que voilà quatre autres héros de six pieds qui l'atteignent, qui le lient, qui le mènent dans un cachot. On lui demanda juridiquement ce qu'il aimait le mieux d'être fustigé trente-six fois par tout le régiment, ou de recevoir à la fois douze balles de plomb dans la cervelle. Il eut beau dire que les volontés sont libres; et qu'il ne voulait ni l'un ni l'autre, il fallut faire un choix; il se détermina, en vertu du don de Dieu qu'on nomme *liberté*, à passer trente-six fois par les baguettes; il essuya deux promenades. Le régiment était composé de deux mille hommes; cela lui composa quatre mille coups de baguette, qui, depuis la nuque du cou jusqu'au cul, lui découvrirent les muscles et les nerfs. Comme on allait procéder à la troisième course, Candide, n'en pouvant plus, demanda en grâce qu'on voulût bien avoir la bonté de lui casser la tête; il obtint cette faveur; on lui bande les yeux, on le fait mettre à genoux. Le roi des Bulgares passe dans ce moment, s'informe du crime du patient[2]; et comme ce roi avait un grand génie, il comprit, par tout ce qu'il apprit de Candide, que c'était un jeune métaphysicien, fort ignorant des choses de ce monde, et il lui accorda sa grâce avec

1. La lieue est une ancienne mesure. Deux lieues font environ 7 kilomètres.
2. Le patient est le condamné qui va être fusillé.

une clémence qui sera louée dans tous les journaux et dans tous les siècles. Un brave chirurgien guérit Candide en trois semaines avec les émollients enseignés par Dioscoride[1]. Il avait déjà un peu de peau et pouvait marcher, quand le roi des Bulgares livra bataille au roi des Abares[2].

CHAPITRE TROISIÈME

Comment Candide se sauva d'entre les Bulgares, et ce qu'il devint

Rien n'était si beau, si leste, si brillant, si bien ordonné que les deux armées. Les trompettes, les fifres, les hautbois, les tambours, les canons, formaient une harmonie telle qu'il n'y en eut jamais en enfer. Les canons renversèrent d'abord à peu près six mille hommes de chaque côté; ensuite la mousqueterie ôta du meilleur des mondes environ neuf à dix mille coquins qui en infectaient la surface. La baïonnette fut aussi la raison suffisante de la mort de quelques milliers d'hommes. Le tout pouvait bien se monter à une trentaine de mille âmes. Candide, qui tremblait comme un philosophe, se cacha du mieux qu'il put pendant cette boucherie héroïque.

1. Dioscoride est un médecin grec du I[er] siècle après J.-C.
2. Les Abares sont un peuple d'origine mongole. Ils ont envahi l'Europe à plusieurs reprises.

Enfin, tandis que les deux rois faisaient chanter des *Te Deum* [1] chacun dans son camp, il prit le parti d'aller raisonner ailleurs des effets et des causes. Il passa par-dessus des tas de morts et de mourants, et gagna d'abord un village voisin; il était en cendres : c'était un village abare que les Bulgares avaient brûlé, selon les lois du droit public. Ici des vieillards criblés de coups regardaient mourir leurs femmes égorgées, qui tenaient leurs enfants à leurs mamelles sanglantes; là des filles éventrées après avoir assouvi les besoins naturels de quelques héros rendaient les derniers soupirs; d'autres, à demi brûlées, criaient qu'on achevât de leur donner la mort. Des cervelles étaient répandues sur la terre à côté de bras et de jambes coupés.

Candide s'enfuit au plus vite dans un autre village : il appartenait à des Bulgares, et des héros abares l'avaient traité de même. Candide, toujours marchant sur des membres palpitants ou à travers des ruines, arriva enfin hors du théâtre de la guerre, portant quelques petites provisions dans son bissac, et n'oubliant jamais Mlle Cunégonde. Ses provisions lui manquèrent quand il fut en Hollande; mais ayant entendu dire que tout le monde était riche dans ce pays-là, et qu'on y était chrétien, il ne douta pas qu'on ne le traitât aussi bien qu'il l'avait été dans le château de monsieur le baron avant qu'il en eût été chassé pour les beaux yeux de Mlle Cunégonde.

Il demanda l'aumône à plusieurs graves personnages, qui lui répondirent tous que, s'il continuait à

1. Le *Te Deum* désigne un chant religieux remerciant Dieu.

faire ce métier, on l'enfermerait dans une maison de correction pour lui apprendre à vivre.

Il s'adressa ensuite à un homme qui venait de parler tout seul une heure de suite sur la charité dans une grande assemblée. Cet orateur, le regardant de travers, lui dit : « Que venez-vous faire ici ? y êtes-vous pour la bonne cause ? — Il n'y a point d'effet sans cause, répondit modestement Candide, tout est enchaîné nécessairement et arrangé pour le mieux. Il a fallu que je fusse chassé d'auprès de Mlle Cunégonde, que j'aie passé par les baguettes, et il faut que je demande mon pain jusqu'à ce que je puisse en gagner ; tout cela ne pouvait être autrement. — Mon ami, lui dit l'orateur, croyez-vous que le pape soit l'Antéchrist ? — Je ne l'avais pas encore entendu dire, répondit Candide ; mais qu'il le soit ou qu'il ne le soit pas, je manque de pain. — Tu ne mérites pas d'en manger, dit l'autre ; va, coquin, va, misérable, ne m'approche de ta vie. » La femme de l'orateur, ayant mis la tête à la fenêtre et avisant un homme qui doutait que le pape fût antéchrist, lui répandit sur le chef[1] un plein… Ô ciel ! à quel excès se porte le zèle de la religion dans les dames !

Un homme qui n'avait point été baptisé, un bon anabaptiste[2], nommé Jacques, vit la manière cruelle et ignominieuse dont on traitait ainsi un de ses frères, un être à deux pieds sans plumes, qui avait une âme ; il l'amena chez lui, le nettoya, lui donna du pain et de

1. Sur la tête.
2. Les anabaptistes étaient les membres d'une secte protestante n'autorisant le baptême qu'à l'âge de raison.

la bière, lui fit présent de deux florins, et voulut même lui apprendre à travailler dans ses manufactures aux étoffes de Perse qu'on fabrique en Hollande. Candide, se prosternant presque devant lui, s'écriait : « Maître Pangloss me l'avait bien dit que tout est au mieux dans ce monde, car je suis infiniment plus touché de votre extrême générosité que de la dureté de ce monsieur à manteau noir et de madame son épouse. »

Le lendemain, en se promenant, il rencontra un gueux tout couvert de pustules, les yeux morts, le bout du nez rongé, la bouche de travers, les dents noires, et parlant de la gorge, tourmenté d'une toux violente et crachant une dent à chaque effort.

CHAPITRE QUATRIÈME

Comment Candide rencontra son ancien maître de philosophie, le docteur Pangloss, et ce qui en advint

Candide, plus ému encore de compassion que d'horreur, donna à cet épouvantable gueux les deux florins qu'il avait reçus de son honnête anabaptiste Jacques. Le fantôme le regarda fixement, versa des larmes, et sauta à son cou. Candide, effrayé, recule. « Hélas ! dit le misérable à l'autre misérable, ne reconnaissez-vous plus votre cher Pangloss ? — Qu'entends-je ? Vous, mon cher maître ! vous, dans cet état horrible ! Quel malheur vous est-il donc arrivé ? Pour-

quoi n'êtes-vous plus dans le plus beau des châteaux ?
Qu'est devenue Mlle Cunégonde, la perle des filles, le
chef-d'œuvre de la nature ? — Je n'en peux plus », dit
Pangloss. Aussitôt Candide le mena dans l'étable de
l'anabaptiste, où il lui fit manger un peu de pain ; et
quand Pangloss fut refait : « Eh bien ! lui dit-il, Cuné-
gonde ? — Elle est morte », reprit l'autre. Candide
s'évanouit à ce mot ; son ami rappela ses sens avec
un peu de mauvais vinaigre qui se trouva par hasard
dans l'étable. Candide rouvre les yeux. « Cunégonde
est morte ! Ah ! meilleur des mondes, où êtes-vous ?
Mais de quelle maladie est-elle morte ? ne serait-ce
point de m'avoir vu chasser du beau château de mon-
sieur son père à grands coups de pied ? — Non, dit
Pangloss ; elle a été éventrée par des soldats bulgares,
après avoir été violée autant qu'on peut l'être ; ils ont
cassé la tête à monsieur le baron qui voulait la
défendre ; madame la baronne a été coupée en mor-
ceaux ; mon pauvre pupille, traité précisément
comme sa sœur ; et quant au château, il n'est pas resté
pierre sur pierre, pas une grange, pas un mouton, pas
un canard, pas un arbre ; mais nous avons été bien
vengés, car les Abares en ont fait autant dans une
baronnie voisine qui appartenait à un seigneur bul-
gare. »

À ce discours, Candide s'évanouit encore ; mais
revenu à soi, et ayant dit tout ce qu'il devait dire, il
s'enquit de la cause et de l'effet, et de la raison suffi-
sante qui avait mis Pangloss dans un si piteux état.
« Hélas ! dit l'autre, c'est l'amour ; l'amour, le conso-
lateur du genre humain, le conservateur de l'univers,
l'âme de tous les êtres sensibles, le tendre amour. —

Hélas! dit Candide, je l'ai connu, cet amour, ce souverain des cœurs, cette âme de notre âme; il ne m'a jamais valu qu'un baiser et vingt coups de pied au cul. Comment cette belle cause a-t-elle pu produire en vous un effet si abominable?»

Pangloss répondit en ces termes : «Ô mon cher Candide! vous avez connu Paquette, cette jolie suivante de notre auguste baronne; j'ai goûté dans ses bras les délices du paradis, qui ont produit ces tourments d'enfer dont vous me voyez dévoré; elle en était infectée[1], elle en est peut-être morte. Paquette tenait ce présent d'un cordelier très savant, qui avait remonté à la source; car il l'avait eue d'une vieille comtesse, qui l'avait reçue d'un capitaine de cavalerie, qui la devait à une marquise, qui la tenait d'un page, qui l'avait reçue d'un jésuite, qui, étant novice, l'avait eue en droite ligne d'un des compagnons de Christophe Colomb. Pour moi, je ne la donnerai à personne, car je me meurs.

— Ô Pangloss! s'écria Candide, voilà une étrange généalogie! n'est-ce pas le diable qui en fut la souche?

— Point du tout, répliqua ce grand homme; c'était une chose indispensable dans le meilleur des mondes, un ingrédient nécessaire; car si Colomb n'avait pas attrapé, dans une île de l'Amérique, cette maladie qui empoisonne la source de la génération, qui souvent même empêche la génération, et qui est évidemment l'opposé du grand but de la nature, nous n'aurions ni

1. Voltaire évoque ici une question qui lui est chère, la transmission des maladies sexuelles. Il fait allusion à la syphilis ou à la vérole, dont l'origine faisait débat.

le chocolat ni la cochenille [1] ; il faut encore observer que jusqu'aujourd'hui, dans notre continent, cette maladie nous est particulière, comme la controverse. Les Turcs, les Indiens, les Persans, les Chinois, les Siamois, les Japonais, ne la connaissent pas encore ; mais il y a une raison suffisante pour qu'ils la connaissent à leur tour dans quelques siècles. En attendant, elle a fait un merveilleux progrès parmi nous, et surtout dans ces grandes armées composées d'honnêtes stipendiaires [2], bien élevés, qui décident du destin des États ; on peut assurer que, quand trente mille hommes combattent en bataille rangée contre des troupes égales en nombre, il y a environ vingt mille vérolés de chaque côté.

— Voilà qui est admirable, dit Candide, mais il faut vous faire guérir. — Et comment le puis-je ? dit Pangloss ; je n'ai pas le sou, mon ami ; et dans toute l'étendue de ce globe, on ne peut ni se faire saigner ni prendre un lavement sans payer, ou sans qu'il y ait quelqu'un qui paye pour nous. »

Ce dernier discours détermina Candide ; il alla se jeter aux pieds de son charitable anabaptiste Jacques, et lui fit une peinture si touchante de l'état où son ami était réduit que le bonhomme n'hésita pas à recueillir le docteur Pangloss ; il le fit guérir à ses dépens. Pangloss, dans la cure, ne perdit qu'un œil et une oreille. Il écrivait bien et savait parfaitement l'arithmétique. L'anabaptiste Jacques en fit son teneur

1. La cochenille est un insecte originaire du Mexique. Il servait dans la fabrication d'une teinture écarlate.
2. Mercenaires, soldats combattant pour de l'argent.

de livres. Au bout de deux mois, étant obligé d'aller à Lisbonne pour les affaires de son commerce, il mena dans son vaisseau ses deux philosophes. Pangloss lui expliqua comment tout était on ne peut mieux. Jacques n'était pas de cet avis. « Il faut bien, disait-il, que les hommes aient un peu corrompu la nature, car ils ne sont point nés loups, et ils sont devenus loups. Dieu ne leur a donné ni canon de vingt-quatre ni baïonnettes, et ils se sont fait des baïonnettes et des canons pour se détruire. Je pourrais mettre en ligne de compte les banqueroutes, et la justice qui s'empare des biens des banqueroutiers pour en frustrer les créanciers. — Tout cela était indispensable, répliquait le docteur borgne, et les malheurs particuliers font le bien général, de sorte que plus il y a de malheurs particuliers, et plus tout est bien. » Tandis qu'il raisonnait, l'air s'obscurcit, les vents soufflèrent des quatre coins du monde et le vaisseau fut assailli de la plus horrible tempête à la vue du port de Lisbonne.

CHAPITRE CINQUIÈME

Tempête, naufrage, tremblement de terre,
et ce qui advint du docteur Pangloss,
de Candide et de l'anabaptiste Jacques

La moitié des passagers, affaiblis, expirants de ces angoisses inconcevables que le roulis d'un vaisseau porte dans les nerfs et dans toutes les humeurs du corps agitées en sens contraire, n'avait pas même la

force de s'inquiéter du danger. L'autre moitié jetait
des cris et faisait des prières; les voiles étaient déchi-
rées, les mâts brisés, le vaisseau entrouvert. Tra-
vaillait qui pouvait, personne ne s'entendait, personne
ne commandait. L'anabaptiste aidait un peu à la
manœuvre; il était sur le tillac[1]; un matelot furieux
le frappe rudement et l'étend sur les planches; mais
du coup qu'il lui donna il eut lui-même une si violente
secousse qu'il tomba hors du vaisseau la tête la pre-
mière. Il restait suspendu et accroché à une partie de
mât rompue. Le bon Jacques court à son secours,
l'aide à remonter, et de l'effort qu'il fit il est préci-
pité dans la mer à la vue du matelot, qui le laissa
périr, sans daigner seulement le regarder. Candide
approche, voit son bienfaiteur qui reparaît un
moment et qui est englouti pour jamais. Il veut se
jeter après lui dans la mer; le philosophe Pangloss
l'en empêche, en lui prouvant que la rade de Lisbonne
avait été formée exprès pour que cet anabaptiste s'y
noyât. Tandis qu'il le prouvait *a priori*, le vaisseau s'en-
trouvre, tout périt à la réserve de Pangloss, de Can-
dide, et de ce brutal de matelot qui avait noyé le
vertueux anabaptiste; le coquin nagea heureuse-
ment[2] jusqu'au rivage, où Pangloss et Candide furent
portés sur une planche.

Quand ils furent revenus un peu à eux, ils mar-
chèrent vers Lisbonne; il leur restait quelque argent,
avec lequel ils espéraient se sauver de la faim après
avoir échappé à la tempête.

1. Le tillac est le pont d'un navire.
2. Au sens de « avec succès ».

À peine ont-ils mis le pied dans la ville en pleurant la mort de leur bienfaiteur, qu'ils sentent la terre trembler sous leurs pas; la mer s'élève en bouillonnant dans le port, et brise les vaisseaux qui sont à l'ancre. Des tourbillons de flammes et de cendres couvrent les rues et les places publiques; les maisons s'écroulent, les toits sont renversés sur les fondements, et les fondements se dispersent; trente mille habitants de tout âge et de tout sexe sont écrasés sous des ruines [1]. Le matelot disait en sifflant et en jurant : « Il y aura quelque chose à gagner ici. — Quelle peut être la raison suffisante de ce phénomène ? disait Pangloss. — Voici le dernier jour du monde ! » s'écriait Candide. Le matelot court incontinent [2] au milieu des débris, affronte la mort pour trouver de l'argent, en trouve, s'en empare, s'enivre, et, ayant cuvé son vin, achète les faveurs de la première fille de bonne volonté qu'il rencontre sur les ruines des maisons détruites et au milieu des mourants et des morts. Pangloss le tirait cependant par la manche. « Mon ami, lui disait-il, cela n'est pas bien, vous manquez à la raison universelle, vous prenez mal votre temps. — Tête et sang ! répondit l'autre, je suis matelot et né à Batavia [3]; j'ai marché quatre fois sur le crucifix dans quatre voyages au Japon; tu

1. Le nombre de morts qu'indique ici Voltaire est l'estimation habituellement retenue par les historiens pour le désastre de Lisbonne qui eut lieu le 1ᵉʳ novembre 1755. Dans sa correspondance, Voltaire évoque tout d'abord cent mille morts, avant de diviser par trois ce nombre dès décembre 1755.
2. Sur-le-champ, aussitôt.
3. Batavia est le nom que portait alors Djakarta, en Indonésie. C'était une colonie hollandaise.

as bien trouvé ton homme avec ta raison univer-
selle!»

Quelques éclats de pierre avaient blessé Candide;
il était étendu dans la rue et couvert de débris. Il disait
à Pangloss: «Hélas! procure-moi un peu de vin et
d'huile; je me meurs. — Ce tremblement de terre
n'est pas une chose nouvelle, répondit Pangloss; la
ville de Lima éprouva les mêmes secousses en Amé-
rique l'année passée; mêmes causes, mêmes effets:
il y a certainement une traînée de soufre sous terre
depuis Lima jusqu'à Lisbonne [1]. — Rien n'est plus
probable, dit Candide; mais, pour Dieu, un peu
d'huile et de vin. — Comment, probable? répliqua le
philosophe; je soutiens que la chose est démontrée.»
Candide perdit connaissance, et Pangloss lui apporta
un peu d'eau d'une fontaine voisine.

Le lendemain, ayant trouvé quelques provisions de
bouche en se glissant à travers des décombres, ils
réparèrent un peu leurs forces. Ensuite, ils travaillè-
rent comme les autres à soulager les habitants échap-
pés à la mort. Quelques citoyens secourus par eux
leur donnèrent un aussi bon dîner qu'on le pouvait
dans un tel désastre. Il est vrai que le repas était
triste; les convives arrosaient leur pain de leurs
larmes; mais Pangloss les consola en les assurant que
les choses ne pouvaient être autrement: «Car, dit-

1. Pangloss se fait l'écho parodique des théories sur les trem-
blements de terre: elles les conçoivent comme l'effet en surface
d'une explosion souterraine. Buffon publie en 1749 une *Théorie
de la terre*, tandis qu'Élie Bertrand, pasteur à Berne et ami de Vol-
taire, envoie à celui-ci, en 1756, un *Mémoire sur les tremblements de
terre*.

il, tout ceci est ce qu'il y a de mieux. Car, s'il y a un volcan à Lisbonne, il ne pouvait être ailleurs. Car il est impossible que les choses ne soient pas où elles sont. Car tout est bien.»

Un petit homme noir, familier de l'Inquisition[1], lequel était à côté de lui, prit poliment la parole et dit : «Apparemment que monsieur ne croit pas au péché originel ; car, si tout est au mieux, il n'y a donc eu ni chute ni punition.

— Je demande très humblement pardon à Votre Excellence, répondit Pangloss encore plus poliment, car la chute de l'homme et la malédiction entraient nécessairement dans le meilleur des mondes possibles. — Monsieur ne croit donc pas à la liberté ? dit le familier. — Votre Excellence m'excusera, dit Pangloss ; la liberté peut subsister avec la nécessité absolue ; car il était nécessaire que nous fussions libres ; car enfin la volonté déterminée…» Pangloss était au milieu de sa phrase, quand le familier fit un signe de tête à son estafier[2] qui lui servait à boire du vin de Porto, ou d'Oporto.

1. L'Inquisition est le tribunal religieux fondé par l'Église catholique pour combattre les hérésies. Le «familier» correspond à un grade.
2. «Estafier» est un mot d'origine italienne désignant un domestique armé.

CHAPITRE SIXIÈME

Comment on fit un bel auto-da-fé[1] pour empêcher les tremblements de terre, et comment Candide fut fessé

Après le tremblement de terre qui avait détruit les trois quarts de Lisbonne, les sages du pays n'avaient pas trouvé un moyen plus efficace pour prévenir une ruine totale que de donner au peuple un bel auto-da-fé ; il était décidé par l'université de Coïmbre que le spectacle de quelques personnes brûlées à petit feu, en grande cérémonie, est un secret infaillible pour empêcher la terre de trembler.

On avait en conséquence saisi un Biscayen convaincu d'avoir épousé sa commère, et deux Portugais qui en mangeant un poulet en avaient arraché le lard[2] : on vint lier après le dîner le docteur Pangloss et son disciple Candide, l'un pour avoir parlé, et l'autre pour avoir écouté avec un air d'approbation : tous deux furent menés séparément dans des appartements d'une extrême fraîcheur, dans lesquels on n'était jamais incommodé du soleil ; huit jours après ils furent

1. Supplice par le feu à l'encontre des hérétiques.
2. Voltaire fait allusion à deux « fautes » au regard de la religion catholique. La commère a tenu l'enfant sur les fonts baptismaux. Cela crée entre eux une parenté spirituelle qui leur interdit en principe tout mariage. Arracher le lard revient à « judaïser » sa pratique alimentaire, la loi mosaïque interdisant la consommation du porc.

tous deux revêtus d'un *san-benito* [1], et on orna leurs
têtes de mitres de papier : la mitre et le san-benito de
Candide étaient peints de flammes renversées et de
diables qui n'avaient ni queues ni griffes ; mais les
diables de Pangloss portaient griffes et queues, et les
flammes étaient droites. Ils marchèrent en procession
ainsi vêtus, et entendirent un sermon très pathétique,
suivi d'une belle musique en faux-bourdon [2]. Candide
fut fessé en cadence, pendant qu'on chantait ; le Bis-
cayen et les deux hommes qui n'avaient point voulu
manger de lard furent brûlés, et Pangloss fut pendu,
quoique ce ne soit pas la coutume. Le même jour la
terre trembla de nouveau avec un fracas épouvantable.

Candide, épouvanté, interdit [3], éperdu, tout san-
glant, tout palpitant, se disait à lui-même. « Si c'est ici
le meilleur des mondes possibles, que sont donc les
autres ? Passe encore si je n'étais que fessé, je l'ai été
chez les Bulgares. Mais, ô mon cher Pangloss ! le plus
grand des philosophes, faut-il vous avoir vu pendre
sans que je sache pourquoi ! Ô mon cher anabaptiste,
le meilleur des hommes, faut-il que vous ayez été
noyé dans le port ! Ô Mlle Cunégonde ! la perle des
filles, faut-il qu'on vous ait fendu le ventre ! »

Il s'en retournait, se soutenant à peine, prêché, fessé,
absous et béni, lorsqu'une vieille l'aborda et lui dit :

« Mon fils, prenez courage, suivez-moi. »

1. La mitre et le *san-benito* sont deux coiffes : le *san-benito* est
une casaque dont on recouvrait les condamnés, et la mitre une
coiffure pointue.
2. Musique religieuse à dominante de basse.
3. Au sens de « frappé d'étonnement ou de stupeur ».

CHAPITRE SEPTIÈME

Comment une vieille prit soin de Candide, et comment il retrouva ce qu'il aimait

Candide ne prit point courage, mais il suivit la vieille dans une masure ; elle lui donna un pot de pommade pour se frotter, lui laissa à manger et à boire ; elle lui montra un petit lit assez propre ; il y avait auprès du lit un habit complet. « Mangez, buvez, dormez, lui dit-elle, et que Notre-Dame d'Atocha, Mgr saint Antoine de Padoue et Mgr saint Jacques de Compostelle prennent soin de vous : je reviendrai demain. » Candide, toujours étonné de tout ce qu'il avait vu, de tout ce qu'il avait souffert, et encore plus de la charité de la vieille, voulut lui baiser la main. « Ce n'est pas ma main qu'il faut baiser, dit la vieille ; je reviendrai demain. Frottez-vous de pommade, mangez et dormez. »

Candide, malgré tant de malheurs, mangea et dormit. Le lendemain la vieille lui apporte à déjeuner, visite son dos, le frotte elle-même d'une autre pommade ; elle lui apporte ensuite à dîner ; elle revient sur le soir, et apporte à souper. Le surlendemain elle fit encore les mêmes cérémonies. « Qui êtes-vous ? lui disait toujours Candide ; qui vous a inspiré tant de bonté ? quelles grâces puis-je vous rendre ? » La bonne femme ne répondait jamais rien ; elle revint sur le soir et n'apporta point à souper. « Venez avec moi, dit-elle, et ne dites mot. » Elle le prend sous le bras, et marche avec lui dans la campagne environ un quart de mille : ils arrivent à une maison isolée, entourée

de jardins et de canaux. La vieille frappe à une petite porte. On ouvre ; elle mène Candide, par un escalier dérobé, dans un cabinet doré, le laisse sur un canapé de brocart[1], referme la porte, et s'en va. Candide croyait rêver, et regardait toute sa vie comme un songe funeste, et le moment présent comme un songe agréable.

La vieille reparut bientôt ; elle soutenait avec peine une femme tremblante, d'une taille majestueuse, brillante de pierreries et couverte d'un voile. « Ôtez ce voile », dit la vieille à Candide. Le jeune homme approche ; il lève le voile d'une main timide. Quel moment ! quelle surprise ! il croit voir Mlle Cunégonde ; il la voyait en effet, c'était elle-même. La force lui manque, il ne peut proférer une parole, il tombe à ses pieds. Cunégonde tombe sur le canapé. La vieille les accable d'eaux spiritueuses[2] ; ils reprennent leurs sens, ils se parlent : ce sont d'abord des mots entrecoupés, des demandes et des réponses qui se croisent, des soupirs, des larmes, des cris. La vieille leur recommande de faire moins de bruit, et les laisse en liberté. « Quoi ! c'est vous, lui dit Candide, vous vivez ! Je vous retrouve en Portugal ! On ne vous a donc pas violée ? On ne vous a point fendu le ventre, comme le philosophe Pangloss me l'avait assuré ? — Si fait, dit la belle Cunégonde ; mais on ne meurt pas toujours de ces deux accidents. — Mais votre père et votre mère ont-ils été tués ? — Il n'est que trop vrai, dit

1. Le brocart est un riche tissu de soie tissé de fils d'or et d'argent.
2. Boissons alcoolisées.

Cunégonde en pleurant. — Et votre frère ? — Mon frère a été tué aussi. — Et pourquoi êtes-vous en Portugal ? et comment avez-vous su que j'y étais ? et par quelle étrange aventure m'avez-vous fait conduire dans cette maison ? — Je vous dirai tout cela, répliqua la dame ; mais il faut auparavant que vous m'appreniez tout ce qui vous est arrivé depuis le baiser innocent que vous me donnâtes et les coups de pied que vous reçûtes. »

Candide lui obéit avec un profond respect ; et quoiqu'il fût interdit[1], quoique sa voix fût faible et tremblante, quoique l'échine lui fît encore un peu mal, il lui raconta de la manière la plus naïve tout ce qu'il avait éprouvé depuis le moment de leur séparation. Cunégonde levait les yeux au ciel ; elle donna des larmes à la mort du bon anabaptiste et de Pangloss ; après quoi elle parla en ces termes à Candide, qui ne perdait pas une parole, et qui la dévorait des yeux.

CHAPITRE HUITIÈME

Histoire de Cunégonde

« J'étais dans mon lit et je dormais profondément, quand il plut au ciel d'envoyer les Bulgares dans notre beau château de Thunder-ten-tronckh ; ils égorgèrent mon père et mon frère, et coupèrent ma mère par

1. Au sens de « frappé d'étonnement ou de stupeur ».

morceaux. Un grand Bulgare, haut de six pieds, voyant qu'à ce spectacle j'avais perdu connaissance, se mit à me violer ; cela me fit revenir, je repris mes sens, je criai, je me débattis, je mordis, j'égratignai, je voulais arracher les yeux à ce grand Bulgare, ne sachant pas que tout ce qui arrivait dans le château de mon père était une chose d'usage : le brutal me donna un coup de couteau dans le flanc gauche dont je porte encore la marque. — Hélas ! j'espère bien la voir, dit le naïf Candide. — Vous la verrez, dit Cunégonde ; mais continuons. — Continuez », dit Candide.

Elle reprit ainsi le fil de son histoire : « Un capitaine bulgare entra, il me vit toute sanglante, et le soldat ne se dérangeait pas. Le capitaine se mit en colère du peu de respect que lui témoignait ce brutal, et le tua sur mon corps. Ensuite il me fit panser, et m'emmena prisonnière de guerre dans son quartier. Je blanchissais le peu de chemises qu'il avait, je faisais sa cuisine ; il me trouvait fort jolie, il faut l'avouer ; et je ne nierai pas qu'il ne fût très bien fait, et qu'il n'eût la peau blanche et douce ; d'ailleurs peu d'esprit, peu de philosophie : on voyait bien qu'il n'avait pas été élevé par le docteur Pangloss. Au bout de trois mois, ayant perdu tout son argent et s'étant dégoûté de moi, il me vendit à un Juif nommé don Issacar, qui trafiquait en Hollande et en Portugal, et qui aimait passionnément les femmes. Ce Juif s'attacha beaucoup à ma personne, mais il ne pouvait en triompher ; je lui ai mieux résisté qu'au soldat bulgare. Une personne d'honneur peut être violée une fois, mais sa vertu s'en affermit. Le Juif, pour m'apprivoiser, me mena dans cette maison de campagne que vous voyez. J'avais cru jusque-

là qu'il n'y avait rien sur la terre de si beau que le châ-
teau de Thunder-ten-tronckh; j'ai été détrompée.

« Le grand inquisiteur m'aperçut un jour à la messe,
il me lorgna beaucoup, et me fit dire qu'il avait à me
parler pour des affaires secrètes. Je fus conduite à son
palais; je lui appris ma naissance; il me représenta com-
bien il était au-dessous de mon rang d'appartenir à un
Israélite. On proposa de sa part à don Issacar de me
céder à monseigneur. Don Issacar, qui est le banquier
de la cour et homme de crédit, n'en voulut rien faire.
L'inquisiteur le menaça d'un auto-da-fé. Enfin mon Juif,
intimidé, conclut un marché, par lequel la maison et
moi leur appartiendraient à tous deux en commun; que
le Juif aurait pour lui les lundis, mercredis et le jour du
sabbat [1], et que l'inquisiteur aurait les autres jours de
la semaine. Il y a six mois que cette convention sub-
siste. Ce n'a pas été sans querelles; car souvent il a été
indécis si la nuit du samedi au dimanche appartenait à
l'ancienne loi ou à la nouvelle. Pour moi, j'ai résisté jus-
qu'à présent à toutes les deux, et je crois que c'est
pour cette raison que j'ai toujours été aimée.

« Enfin, pour détourner le fléau des tremblements
de terre, et pour intimider don Issacar, il plut à mon-
seigneur l'inquisiteur de célébrer un auto-da-fé. Il me
fit l'honneur de m'y inviter. Je fus très bien placée; on
servit aux dames des rafraîchissements entre la messe
et l'exécution. Je fus, à la vérité, saisie d'horreur en
voyant brûler ces deux Juifs et cet honnête Biscayen
qui avait épousé sa commère; mais quelle fut ma sur-
prise, mon effroi, mon trouble, quand je vis, dans un

1. Le samedi, jour de repos dans le judaïsme.

san-benito et sous une mitre, une figure qui ressem-
blait à celle de Pangloss! Je me frottai les yeux, je
regardai attentivement, je le vis pendre; je tombai en
faiblesse. À peine reprenais-je mes sens que je vous
vis dépouillé tout nu : ce fut là le comble de l'horreur,
de la consternation, de la douleur, du désespoir. Je
vous dirai, avec vérité, que votre peau est encore plus
blanche et d'un incarnat plus parfait que celle de mon
capitaine des Bulgares. Cette vue redoubla tous les
sentiments qui m'accablaient, qui me dévoraient. Je
m'écriai, je voulus dire : "Arrêtez, barbares!" mais la
voix me manqua, et mes cris auraient été inutiles.
Quand vous eûtes été bien fessé : "Comment se peut-
il faire, disais-je, que l'aimable Candide et le sage Pan-
gloss se trouvent à Lisbonne, l'un pour recevoir cent
coups de fouet, et l'autre pour être pendu par l'ordre
de monseigneur l'inquisiteur dont je suis la bien-
aimée? Pangloss m'a donc bien cruellement trompée
quand il me disait que tout va le mieux du monde". »

« Agitée, éperdue, tantôt hors de moi-même, et tan-
tôt prête de mourir de faiblesse, j'avais la tête remplie
du massacre de mon père, de ma mère, de mon frère,
de l'insolence de mon vilain soldat bulgare, du coup de
couteau qu'il me donna, de ma servitude, de mon
métier de cuisinière, de mon capitaine bulgare, de mon
vilain don Issacar, de mon abominable inquisiteur, de
la pendaison du docteur Pangloss, de ce grand *miserere*
en faux-bourdon pendant lequel on vous fessait, et sur-
tout du baiser que je vous avais donné derrière un
paravent, le jour que je vous avais vu pour la dernière
fois. Je louai Dieu qui vous ramenait à moi par tant
d'épreuves. Je recommandai à ma vieille d'avoir soin de

vous, et de vous amener ici dès qu'elle le pourrait. Elle a très bien exécuté ma commission ; j'ai goûté le plaisir inexprimable de vous revoir, de vous entendre, de vous parler. Vous devez avoir une faim dévorante ; j'ai grand appétit ; commençons par souper. »

Les voilà qui se mettent tous deux à table ; et après le souper, ils se replacent sur ce beau canapé dont on a déjà parlé ; ils y étaient quand le signor don Issacar, l'un des maîtres de la maison, arriva. C'était le jour du sabbat. Il venait jouir de ses droits, et expliquer son tendre amour.

CHAPITRE NEUVIÈME

Ce qui advint de Cunégonde, de Candide, du grand Inquisiteur et d'un Juif

Cet Issacar était le plus colérique Hébreu qu'on eût vu dans Israël depuis la captivité en Babylone. « Quoi ! dit-il, chienne de Galiléenne, ce n'est pas assez de monsieur l'inquisiteur ? Il faut que ce coquin partage aussi avec moi ? » En disant cela il tire un long poignard dont il était toujours pourvu, et ne croyant pas que son adverse partie eût des armes, il se jette sur Candide ; mais notre bon Westphalien avait reçu une belle épée de la vieille avec l'habit complet. Il tire son épée, quoiqu'il eût les mœurs fort douces, et vous étend l'Israélite roide mort sur le carreau, aux pieds de la belle Cunégonde.

« Sainte Vierge ! s'écria-t-elle, qu'allons-nous devenir ? Un homme tué chez moi ! si la justice vient, nous sommes perdus. — Si Pangloss n'avait pas été pendu, dit Candide, il nous donnerait un bon conseil dans cette extrémité, car c'était un grand philosophe. À son défaut consultons la vieille. » Elle était fort prudente, et commençait à dire son avis, quand une autre petite porte s'ouvrit. Il était une heure après minuit, c'était le commencement du dimanche. Ce jour appartenait à monseigneur l'inquisiteur. Il entre et voit le fessé Candide l'épée à la main, un mort étendu par terre, Cunégonde effarée, et la vieille donnant des conseils.

Voici dans ce moment ce qui se passa dans l'âme de Candide, et comment il raisonna : « Si ce saint homme appelle du secours, il me fera infailliblement brûler ; il pourra en faire autant de Cunégonde ; il m'a fait fouetter impitoyablement ; il est mon rival ; je suis en train de tuer, il n'y a pas à balancer. » Ce raisonnement fut net et rapide ; et sans donner le temps à l'inquisiteur de revenir de sa surprise, il le perce d'outre en outre, et le jette à côté du Juif. « En voici bien d'une autre [1], dit Cunégonde ; il n'y a plus de rémission ; nous sommes excommuniés, notre dernière heure est venue. Comment avez-vous fait, vous qui êtes né si doux, pour tuer en deux minutes un Juif et un prélat ? — Ma belle demoiselle, répondit Candide, quand on est amoureux, jaloux et fouetté par l'Inquisition, on ne se connaît plus. »

La vieille prit alors la parole et dit : « Il y a trois chevaux andalous dans l'écurie, avec leurs selles

1. Expression ancienne pour « voilà du nouveau », « il ne manquait plus que cela ».

et leurs brides : que le brave Candide les prépare ; madame a des moyadors [1] et des diamants : montons vite à cheval, quoique je ne puisse me tenir que sur une fesse, et allons à Cadix ; il fait le plus beau temps du monde, et c'est un grand plaisir de voyager pendant la fraîcheur de la nuit. »

Aussitôt Candide selle les trois chevaux. Cunégonde, la vieille et lui font trente milles [2] d'une traite. Pendant qu'ils s'éloignaient, la Sainte-Hermandad [3] arrive dans la maison ; on enterre monseigneur dans une belle église, et on jette Issacar à la voirie.

Candide, Cunégonde et la vieille étaient déjà dans la petite ville d'Avacéna, au milieu des montagnes de la Sierra-Morena ; et ils parlaient ainsi dans un cabaret.

CHAPITRE DIXIÈME

Dans quelle détresse Candide, Cunégonde et la vieille arrivent à Cadix, et de leur embarquement

« Qui a donc pu me voler mes pistoles [4] et mes diamants ? disait en pleurant Cunégonde ; de quoi vivrons-nous ? comment ferons-nous ? où trouver des inquisiteurs et des Juifs qui m'en donnent d'autres ?

1. Ancienne monnaie d'or du Portugal.
2. Soit environ 45 kilomètres.
3. La Sainte-Hermandad désignait la police religieuse.
4. Nom français des écus espagnols.

— Hélas ! dit la vieille, je soupçonne fort un révérend
père cordelier qui coucha hier dans la même auberge
que nous à Badajoz ; Dieu me garde de faire un juge-
ment téméraire ! mais il entra deux fois dans notre
chambre, et il partit longtemps avant nous. — Hélas !
dit Candide, le bon Pangloss m'avait souvent prouvé
que les biens de la terre sont communs à tous les
hommes, que chacun y a un droit égal. Ce cordelier
devait bien, suivant ces principes, nous laisser de quoi
achever notre voyage. Il ne vous reste donc rien du
tout, ma belle Cunégonde ? — Pas un maravédis[1], dit-
elle. — Quel parti prendre ? dit Candide. — Vendons
un des chevaux, dit la vieille ; je monterai en croupe
derrière mademoiselle, quoique je ne puisse me tenir
que sur une fesse, et nous arriverons à Cadix. »

Il y avait dans la même hôtellerie un prieur de béné-
dictins ; il acheta le cheval bon marché. Candide,
Cunégonde et la vieille passèrent par Lucena, par
Chillas, par Lebrixa, et arrivèrent enfin à Cadix. On
y équipait une flotte, et on y assemblait des troupes
pour mettre à la raison les révérends pères jésuites
du Paraguay, qu'on accusait d'avoir fait révolter une
de leurs hordes contre les rois d'Espagne et de Por-
tugal, auprès de la ville du Saint-Sacrement. Candide,
ayant servi chez les Bulgares, fit l'exercice bulgarien
devant le général de la petite armée avec tant de
grâce, de célérité, d'adresse, de fierté, d'agilité, qu'on
lui donna une compagnie d'infanterie à commander.
Le voilà capitaine ; il s'embarque avec Mlle Cuné-
gonde, la vieille, deux valets et les deux chevaux anda-

1. Petite monnaie d'Espagne en cuivre.

lous qui avaient appartenu à M. le grand inquisiteur
de Portugal.

Pendant toute la traversée ils raisonnèrent beau-
coup sur la philosophie du pauvre Pangloss. «Nous
allons dans un autre univers, disait Candide; c'est
dans celui-là sans doute que tout est bien. Car il faut
avouer qu'on pourrait gémir un peu de ce qui se passe
dans le nôtre en physique et en morale. — Je vous
aime de tout mon cœur, disait Cunégonde; mais j'ai
encore l'âme tout effarouchée de ce que j'ai vu, de
ce que j'ai éprouvé. — Tout ira bien, répliquait Can-
dide; la mer de ce nouveau monde vaut déjà mieux
que les mers de notre Europe; elle est plus calme, les
vents plus constants. C'est certainement le nouveau
monde qui est le meilleur des univers possibles. —
Dieu le veuille! disait Cunégonde; mais j'ai été si hor-
riblement malheureuse dans le mien que mon cœur
est presque fermé à l'espérance. — Vous vous plai-
gnez, leur dit la vieille; hélas! vous n'avez pas éprouvé
des infortunes telles que les miennes.» Cunégonde se
mit presque à rire, et trouva cette bonne femme fort
plaisante de prétendre être plus malheureuse qu'elle.
«Hélas! lui dit-elle, ma bonne, à moins que vous
n'ayez été violée par deux Bulgares, que vous n'ayez
reçu deux coups de couteau dans le ventre, qu'on
n'ait démoli deux de vos châteaux, qu'on n'ait égorgé
à vos yeux deux mères et deux pères, et que vous
n'ayez vu deux de vos amants fouettés dans un auto-
da-fé, je ne vois pas que vous puissiez l'emporter sur
moi; ajoutez que je suis née baronne avec soixante
et douze quartiers, et que j'ai été cuisinière. — Made-
moiselle, répondit la vieille, vous ne savez pas quelle

est ma naissance ; et si je vous montrais mon derrière, vous ne parleriez pas comme vous faites, et vous suspendriez votre jugement. » Ce discours fit naître une extrême curiosité dans l'esprit de Cunégonde et de Candide. La vieille leur parla en ces termes.

CHAPITRE ONZIÈME

Histoire de la vieille

« Je n'ai pas eu toujours les yeux éraillés et bordés d'écarlate ; mon nez n'a pas toujours touché à mon menton, et je n'ai pas toujours été servante. Je suis la fille du pape Urbain X, et de la princesse de Palestrine. On m'éleva jusqu'à quatorze ans dans un palais auquel tous les châteaux de vos barons allemands n'auraient pas servi d'écurie ; et une de mes robes valait mieux que toutes les magnificences de la Westphalie. Je croissais en beauté, en grâces, en talents, au milieu des plaisirs, des respects et des espérances. J'inspirais déjà de l'amour, ma gorge[1] se formait ; et quelle gorge ! blanche, ferme, taillée comme celle de la Vénus de Médicis ; et quels yeux ! quelles paupières ! quels sourcils noirs ! quelles flammes brillaient dans mes deux prunelles, et effaçaient la scintillation des étoiles, comme me disaient les poètes du quartier. Les femmes qui m'habillaient et qui me déshabillaient tombaient en extase en me regardant par-devant et

1. Le terme de gorge désigne alors la poitrine, les seins.

par-derrière, et tous les hommes auraient voulu être à leur place.

« Je fus fiancée à un prince souverain de Massa-Carrara. Quel prince ! aussi beau que moi, pétri de douceur et d'agréments, brillant d'esprit et brûlant d'amour. Je l'aimais comme on aime pour la première fois, avec idolâtrie, avec emportement. Les noces furent préparées. C'était une pompe, une magnificence inouïe ; c'étaient des fêtes, des carrousels, des opera-buffa[1] continuels ; et toute l'Italie fit pour moi des sonnets dont il n'y eut pas un seul de passable. Je touchais au moment de mon bonheur, quand une vieille marquise qui avait été maîtresse de mon prince l'invita à prendre du chocolat chez elle. Il mourut en moins de deux heures avec des convulsions épouvantables. Mais ce n'est qu'une bagatelle. Ma mère, au désespoir, et bien moins affligée que moi, voulut s'arracher pour quelque temps à un séjour si funeste. Elle avait une très belle terre auprès de Gaète. Nous nous embarquâmes sur une galère du pays, dorée comme l'autel de Saint-Pierre de Rome. Voilà qu'un corsaire de Salé fond sur nous et nous aborde. Nos soldats se défendirent comme des soldats du pape : ils se mirent tous à genoux en jetant leurs armes, et en demandant au corsaire une absolution *in articulo mortis*[2].

« Aussitôt on les dépouilla nus comme des singes,

1. Carrousels et opera-buffa sont deux termes qui viennent de l'italien. Les carrousels sont des parades de cavaliers et les opera buffa, ou « opéras bouffes », sont les ancêtres de nos opéras-comiques.

2. Littéralement, « à l'article de la mort », c'est-à-dire destiné aux mourants.

et ma mère aussi, nos filles d'honneur aussi, et moi
aussi. C'est une chose admirable que la diligence avec
laquelle ces messieurs déshabillent le monde. Mais ce
qui me surprit davantage, c'est qu'ils nous mirent à
tous le doigt dans un endroit où nous autres femmes
nous ne nous laissons mettre d'ordinaire que des
canules [1]. Cette cérémonie me paraissait bien
étrange : voilà comme on juge de tout quand on n'est
pas sorti de son pays. J'appris bientôt que c'était pour
voir si nous n'avions pas caché là quelques diamants :
c'est un usage établi de temps immémorial parmi
les nations policées qui courent sur mer. J'ai su que
MM. les religieux chevaliers de Malte n'y manquent
jamais quand ils prennent des Turcs et des Turques ;
c'est une loi du droit des gens à laquelle on n'a jamais
dérogé.

« Je ne vous dirai point combien il est dur pour une
jeune princesse d'être menée esclave à Maroc avec sa
mère. Vous concevez assez tout ce que nous eûmes à
souffrir dans le vaisseau corsaire. Ma mère était encore
très belle ; nos filles d'honneur, nos simples femmes de
chambre, avaient plus de charmes qu'on n'en peut
trouver dans toute l'Afrique. Pour moi, j'étais ravis-
sante, j'étais la beauté, la grâce même, et j'étais pucelle ;
je ne le fus pas longtemps : cette fleur qui avait été
réservée pour le beau prince de Massa-Carrara me
fut ravie par le capitaine corsaire ; c'était un nègre
abominable, qui croyait encore me faire beaucoup
d'honneur. Certes, il fallait que Mme la princesse de

1. Les canules sont des petits tuyaux qui, adaptés aux
seringues, permettent d'administrer des lavements.

Palestrine et moi fussions bien fortes pour résister à tout ce que nous éprouvâmes jusqu'à notre arrivée à Maroc. Mais passons ; ce sont des choses si communes qu'elles ne valent pas la peine qu'on en parle.

« Maroc nageait dans le sang quand nous arrivâmes. Cinquante fils de l'empereur Muley-Ismaël avaient chacun leur parti : ce qui produisait en effet cinquante guerres civiles, de noirs contre noirs, de noirs contre basanés, de basanés contre basanés, de mulâtres contre mulâtres. C'était un carnage continuel dans toute l'étendue de l'empire.

« À peine fûmes-nous débarqués que des noirs d'une faction ennemie de celle de mon corsaire se présentèrent pour lui enlever son butin. Nous étions, après les diamants et l'or, ce qu'il avait de plus précieux. Je fus témoin d'un combat tel que vous n'en voyez jamais dans vos climats d'Europe. Les peuples septentrionaux n'ont pas le sang assez ardent. Ils n'ont pas la rage des femmes au point où elle est commune en Afrique. Il semble que vos Européans aient du lait dans les veines ; c'est du vitriol, c'est du feu qui coule dans celles des habitants du mont Atlas et des pays voisins. On combattit avec la fureur des lions, des tigres et des serpents de la contrée, pour savoir à qui nous aurait. Un Maure saisit ma mère par le bras droit, le lieutenant de mon capitaine la retint par le bras gauche ; un soldat maure la prit par une jambe, un de nos pirates la tenait par l'autre. Nos filles se trouvèrent presque toutes en un moment tirées ainsi à quatre soldats. Mon capitaine me tenait cachée derrière lui. Il avait le cimeterre au poing, et tuait tout ce qui s'opposait à sa rage. Enfin, je vis toutes nos Ita-

liennes et ma mère déchirées, coupées, massacrées par les monstres qui se les disputaient. Les captifs mes compagnons, ceux qui les avaient pris, soldats, matelots, noirs, basanés, blancs, mulâtres, et enfin mon capitaine, tout fut tué ; et je demeurai mourante sur un tas de morts. Des scènes pareilles se passaient, comme on sait, dans l'étendue de plus de trois cents lieues, sans qu'on manquât aux cinq prières par jour ordonnées par Mahomet.

« Je me débarrassai avec beaucoup de peine de la foule de tant de cadavres sanglants entassés, et je me traînai sous un grand oranger au bord d'un ruisseau voisin ; j'y tombai d'effroi, de lassitude, d'horreur, de désespoir et de faim. Bientôt après, mes sens accablés se livrèrent à un sommeil qui tenait plus de l'évanouissement que du repos. J'étais dans cet état de faiblesse et d'insensibilité, entre la mort et la vie, quand je me sentis pressée de quelque chose qui s'agitait sur mon corps. J'ouvris les yeux, je vis un homme blanc et de bonne mine qui soupirait, et qui disait entre ses dents : *O che sciagura d'essere senza c...* [1] !

CHAPITRE DOUZIÈME

Suite des malheurs de la vieille

« Étonnée et ravie d'entendre la langue de ma patrie, et non moins surprise des paroles que profé-

1. « Oh ! quel malheur d'être sans c... »

rait cet homme, je lui répondis qu'il y avait de plus
grands malheurs que celui dont il se plaignait. Je l'ins-
truisis en peu de mots des horreurs que j'avais
essuyées, et je retombai en faiblesse. Il m'emporta
dans une maison voisine, me fit mettre au lit, me fit
donner à manger, me servit, me consola, me flatta,
me dit qu'il n'avait rien vu de si beau que moi, et que
jamais il n'avait tant regretté ce que personne ne pou-
vait lui rendre. "Je suis né à Naples, me dit-il, on y
chaponne [1] deux ou trois mille enfants tous les ans ;
les uns en meurent, les autres acquièrent une voix
plus belle que celle des femmes, les autres vont gou-
verner les États. On me fit cette opération avec un
très grand succès, et j'ai été musicien [2] de la chapelle
de Mme la princesse de Palestrine. — De ma mère !
m'écriai-je. — De votre mère ! s'écria-t-il en pleurant.
Quoi ! vous seriez cette jeune princesse que j'ai éle-
vée jusqu'à l'âge de six ans, et qui promettait déjà
d'être aussi belle que vous êtes ? — C'est moi-même ;
ma mère est à quatre cents pas d'ici, coupée en quar-
tiers sous un tas de morts…"

« Je lui contai tout ce qui m'était arrivé ; il me conta
aussi ses aventures, et m'apprit comment il avait été
envoyé chez le roi de Maroc par une puissance chré-
tienne, pour conclure avec ce monarque un traité, par
lequel on lui fournirait de la poudre, des canons et
des vaisseaux, pour l'aider à exterminer le commerce
des autres chrétiens. "Ma mission est faite, me dit

1. Chaponner : action de castrer (le terme s'utilise en géné-
ral pour les animaux).
2. Au sens ici de « chanteur ».

cet honnête eunuque ; je vais m'embarquer à Ceuta, et je vous ramènerai en Italie. *Ma che sciagura d'essere senza c... !*"

« Je le remerciai avec des larmes d'attendrissement ; et au lieu de me mener en Italie, il me conduisit à Alger, et me vendit au dey[1] de cette province. À peine fus-je vendue que cette peste qui a fait le tour de l'Afrique, de l'Asie et de l'Europe, se déclara dans Alger avec fureur. Vous avez vu des tremblements de terre ; mais, mademoiselle, avez-vous jamais eu la peste ? — Jamais, répondit la baronne.

— Si vous l'aviez eue, reprit la vieille, vous avoueriez qu'elle est bien au-dessus d'un tremblement de terre. Elle est fort commune en Afrique ; j'en fus attaquée. Figurez-vous quelle situation pour la fille d'un pape, âgée de quinze ans, qui en trois mois de temps avait éprouvé la pauvreté, l'esclavage, avait été violée presque tous les jours, avait vu couper sa mère en quatre, avait essuyé la faim et la guerre, et mourait pestiférée dans Alger. Je n'en mourus pourtant pas. Mais mon eunuque et le dey, et presque tout le sérail[2] d'Alger, périrent.

« Quand les premiers ravages de cette épouvantable peste furent passés, on vendit les esclaves du dey. Un marchand m'acheta et me mena à Tunis, il me vendit à un autre marchand, qui me revendit à Tripoli ; de Tripoli je fus revendue Alexan-

1. Dey (écrit aussi bey) : prince, souverain.
2. Bien qu'il soit confondu souvent, comme ici, avec le harem (appartement des femmes), sérail désigne un palais en pays musulman.

drie, d'Alexandrie revendue à Smyrne, de Smyrne à Constantinople. J'appartins enfin à un aga des janissaires [1], qui fut bientôt commandé pour aller défendre Azof contre les Russes qui l'assiégeaient.

« L'aga, qui était un très galant homme, mena avec lui tout son sérail, et nous logea dans un petit fort sur les Palus-Méotides, gardé par deux eunuques noirs et vingt soldats. On tua prodigieusement de Russes, mais ils nous le rendirent bien. Azof fut mis à feu et à sang, et on ne pardonna ni au sexe ni à l'âge; il ne resta que notre petit fort; les ennemis voulurent nous prendre par famine. Les vingt janissaires avaient juré de ne se jamais rendre. Les extrémités de la faim où ils furent réduits les contraignirent à manger nos deux eunuques, de peur de violer leur serment. Au bout de quelques jours, ils résolurent de manger les femmes.

« Nous avions un iman très pieux et très compatissant, qui leur fit un beau sermon par lequel il leur persuada de ne nous pas tuer tout à fait. "Coupez, dit-il, seulement une fesse à chacune de ces dames, vous ferez très bonne chère; s'il faut y revenir, vous en aurez encore autant dans quelques jours; le ciel vous saura gré d'une action si charitable, et vous serez secourus."

« Il avait beaucoup d'éloquence; il les persuada. On nous fit cette horrible opération. L'iman nous appliqua le même baume qu'on met aux enfants qu'on vient de circoncire. Nous étions toutes à la mort.

« À peine les janissaires eurent-ils fait le repas que nous leur avions fourni que les Russes arrivent sur des bateaux plats; il ne réchappa pas un janissaire. Les

1. C'est-à-dire au commandant de soldats turcs.

Russes ne firent aucune attention à l'état où nous étions. Il y a partout des chirurgiens français : un d'eux, qui était fort adroit, prit soin de nous ; il nous guérit, et je me souviendrai toute ma vie que, quand les plaies furent bien fermées, il me fit des propositions. Au reste, il nous dit à toutes de nous consoler ; il nous assura que dans plusieurs sièges pareille chose était arrivée, et que c'était la loi de la guerre.

« Dès que mes compagnes purent marcher, on les fit aller à Moscou. J'échus en partage à un boyard[1] qui me fit sa jardinière, et qui me donnait vingt coups de fouet par jour. Mais ce seigneur ayant été roué au bout de deux ans avec une trentaine de boyards pour quelque tracasserie de cour, je profitai de cette aventure ; je m'enfuis ; je traversai toute la Russie ; je fus longtemps servante de cabaret à Riga, puis à Rostock, à Vismar, à Leipsick, à Cassel, à Utrecht, à Leyde, à La Haye, à Rotterdam : j'ai vieilli dans la misère et dans l'opprobre[2], n'ayant que la moitié d'un derrière, me souvenant toujours que j'étais fille d'un pape ; je voulus cent fois me tuer, mais j'aimais encore la vie. Cette faiblesse ridicule est peut-être un de nos penchants les plus funestes ; car y a-t-il rien de plus sot que de vouloir porter continuellement un fardeau qu'on veut toujours jeter par terre ? d'avoir son être en horreur, et de tenir à son être ? enfin de caresser le serpent qui nous dévore, jusqu'à ce qu'il nous ait mangé le cœur ?

« J'ai vu dans les pays que le sort m'a fait parcourir, et dans les cabarets où j'ai servi, un nombre pro-

1. Le boyard est, en Russie, un seigneur de la noblesse.
2. La honte.

digieux de personnes qui avaient leur existence en
exécration ; mais je n'en ai vu que douze qui aient mis
volontairement fin à leur misère : trois nègres, quatre
Anglais, quatre Genevois et un professeur allemand
nommé Robeck. J'ai fini par être servante chez le Juif
don Issacar ; il me mit auprès de vous, ma belle demoi-
selle ; je me suis attachée à votre destinée, et j'ai été
plus occupée de vos aventures que des miennes. Je
ne vous aurais même jamais parlé de mes malheurs,
si vous ne m'aviez pas un peu piquée [1], et s'il n'était
d'usage dans un vaisseau de conter des histoires pour
se désennuyer. Enfin, mademoiselle, j'ai de l'expé-
rience, je connais le monde ; donnez-vous un plaisir,
engagez chaque passager à vous conter son histoire ;
et s'il s'en trouve un seul qui n'ait souvent maudit sa
vie, qui ne se soit souvent dit à lui-même qu'il était
le plus malheureux des hommes, jetez-moi dans la
mer la tête la première. »

CHAPITRE TREIZIÈME

Comment Candide fut obligé
de se séparer de la belle Cunégonde
et de la vieille

La belle Cunégonde, ayant entendu l'histoire de la
vieille, lui fit toutes les politesses qu'on devait à une
personne de son rang et de son mérite. Elle accepta

1. On dirait aujourd'hui « piquée au vif », « vexée ».

la proposition ; elle engagea tous les passagers l'un après l'autre à lui conter leurs aventures. Candide et elle avouèrent que la vieille avait raison. « C'est bien dommage, disait Candide, que le sage Pangloss ait été pendu contre la coutume dans un auto-da-fé ; il nous dirait des choses admirables sur le mal physique et sur le mal moral qui couvrent la terre et la mer, et je me sentirais assez de force pour oser lui faire respectueusement quelques objections. »

À mesure que chacun racontait son histoire, le vaisseau avançait. On aborda dans Buenos-Ayres. Cunégonde, le capitaine Candide et la vieille allèrent chez le gouverneur Don Fernando d'Ibaraa, y Figueora, y Mascarenes, y Lampourdos, y Souza. Ce seigneur avait une fierté convenable à un homme qui portait tant de noms. Il parlait aux hommes avec le dédain le plus noble, portant le nez si haut, élevant si impitoyablement la voix, prenant un ton si imposant, affectant une démarche si altière, que tous ceux qui le saluaient étaient tentés de le battre. Il aimait les femmes à la fureur. Cunégonde lui parut ce qu'il avait jamais vu de plus beau. La première chose qu'il fit fut de demander si elle n'était point la femme du capitaine. L'air dont il fit cette question alarma Candide : il n'osa pas dire qu'elle était sa femme, parce que en effet elle ne l'était point ; il n'osait pas dire que c'était sa sœur, parce qu'elle ne l'était pas non plus ; et quoique ce mensonge officieux eût été autrefois très à la mode chez les anciens, et qu'il pût être utile aux modernes, son âme était trop pure pour trahir la vérité. « Mlle Cunégonde, dit-il, doit me faire l'hon-

neur de m'épouser, et nous supplions Votre Excellence de daigner faire notre noce. »

Don Fernando d'Ibaraa, y Figueora, y Mascarenes, y Lampourdos, y Souza, relevant sa moustache, sourit amèrement, et ordonna au capitaine Candide d'aller faire la revue de sa compagnie. Candide obéit ; le gouverneur demeura avec Mlle Cunégonde. Il lui déclara sa passion, lui protesta que le lendemain il l'épouserait à la face de l'Église, ou autrement, ainsi qu'il plairait à ses charmes. Cunégonde lui demanda un quart d'heure pour se recueillir, pour consulter la vieille et pour se déterminer.

La vieille dit à Cunégonde : « Mademoiselle, vous avez soixante et douze quartiers, et pas une obole ; il ne tient qu'à vous d'être la femme du plus grand seigneur de l'Amérique méridionale, qui a une très belle moustache ; est-ce à vous de vous piquer d'une fidélité à toute épreuve ? Vous avez été violée par les Bulgares ; un Juif et un inquisiteur ont eu vos bonnes grâces : les malheurs donnent des droits. J'avoue que, si j'étais à votre place, je ne ferais aucun scrupule d'épouser monsieur le gouverneur et de faire la fortune de M. le capitaine Candide. » Tandis que la vieille parlait avec toute la prudence que l'âge et l'expérience donnent, on vit entrer dans le port un petit vaisseau ; il portait un alcade et des alguazils [1], et voici ce qui était arrivé.

La vieille avait très bien deviné que ce fut un cor-

1. Alcade et alguazil renvoient tous deux à des fonctions dans la justice espagnole ; le premier désigne un juge et le second un policier chargé des arrestations.

delier à la grande manche[1] qui vola l'argent et les
bijoux de Cunégonde dans la ville de Badajoz,
lorsqu'elle fuyait en hâte avec Candide. Ce moine
voulut vendre quelques-unes des pierreries à un
joaillier. Le marchand les reconnut pour celles
du grand inquisiteur. Le cordelier, avant d'être
pendu, avoua qu'il les avait volées ; il indiqua les per-
sonnes et la route qu'elles prenaient. La fuite de
Cunégonde et de Candide était déjà connue. On les
suivit à Cadix ; on envoya sans perdre temps un vais-
seau à leur poursuite. Le vaisseau était déjà dans le
port de Buenos-Ayres. Le bruit se répandit qu'un
alcade allait débarquer, et qu'on poursuivait les
meurtriers de monseigneur le grand inquisiteur. La
prudente vieille vit dans l'instant tout ce qui était à
faire. « Vous ne pouvez fuir, dit-elle à Cunégonde, et
vous n'avez rien à craindre ; ce n'est pas vous qui
avez tué monseigneur ; et d'ailleurs le gouverneur,
qui vous aime, ne souffrira pas qu'on vous maltraite ;
demeurez. » Elle court sur-le-champ à Candide :
« Fuyez, dit-elle, ou dans une heure vous allez être
brûlé. » Il n'y avait pas un moment à perdre ; mais
comment se séparer de Cunégonde, et où se réfu-
gier ?

1. Il s'agit d'un religieux de l'ordre de Saint-François. La
grandeur des manches, entre les différents ordres, était autant
signe de distinction que prétexte à disputes.

CHAPITRE QUATORZIÈME

Comment Candide et Cacambo
furent reçus chez les jésuites du Paraguay

Candide avait amené de Cadix un valet tel qu'on en trouve beaucoup sur les côtes d'Espagne et dans les colonies. C'était un quart d'Espagnol[1], né d'un métis dans le Tucuman[2]; il avait été enfant de chœur, sacristain, matelot, moine, facteur[3], soldat, laquais. Il s'appelait Cacambo, et aimait fort son maître parce que son maître était un fort bon homme. Il sella au plus vite les deux chevaux andalous. «Allons, mon maître, suivons le conseil de la vieille; partons, et courons sans regarder derrière nous.» Candide versa des larmes. «Ô ma chère Cunégonde! faut-il vous abandonner dans le temps que monsieur le gouverneur va faire nos noces! Cunégonde amenée de si loin, que deviendrez-vous? — Elle deviendra ce qu'elle pourra, dit Cacambo; les femmes ne sont jamais embarrassées d'elles; Dieu y pourvoit; courons. — Où me mènes-tu? où allons-nous? que ferons-nous sans Cunégonde? disait Candide. — Par saint Jacques de Compostelle, dit Cacambo, vous alliez faire la guerre aux jésuites; allons la faire pour eux: je sais assez les chemins, je vous mènerai dans leur royaume, ils

1. Encore appelé «quarteron», c'est-à-dire une personne dont le père est métis et la mère indienne.
2. Province du Paraguay, située au nord de Buenos Aire.
3. On appelle ainsi quelqu'un qui fait le négoce pour le compte d'un autre.

seront charmés d'avoir un capitaine qui fasse l'exer-
cice à la bulgare ; vous ferez une fortune prodigieuse ;
quand on n'a pas son compte dans un monde, on le
trouve dans un autre. C'est un très grand plaisir de
voir et de faire des choses nouvelles.

— Tu as donc été déjà dans le Paraguay ? dit Can-
dide. — Eh vraiment oui ! dit Cacambo ; j'ai été
cuistre[1] dans le collège de l'Assomption, et je connais
le gouvernement de Los Padres[2] comme je connais
les rues de Cadix. C'est une chose admirable que ce
gouvernement. Le royaume a déjà plus de trois cents
lieues de diamètre ; il est divisé en trente provinces.
Los Padres y ont tout, et les peuples rien ; c'est le
chef-d'œuvre de la raison et de la justice. Pour moi,
je ne vois rien de si divin que Los Padres, qui font ici
la guerre au roi d'Espagne et au roi de Portugal, et
qui en Europe confessent ces rois ; qui tuent ici des
Espagnols, et qui à Madrid les envoient au ciel : cela
me ravit ; avançons ; vous allez être le plus heureux
de tous les hommes. Quel plaisir auront Los Padres
quand ils sauront qu'il leur vient un capitaine qui sait
l'exercice bulgare ! »

Dès qu'ils furent arrivés à la première barrière,
Cacambo dit à la garde avancée qu'un capitaine
demandait à parler à monseigneur le commandant.
On alla avertir la grande garde. Un officier paraguain
courut aux pieds du commandant lui donner part de
la nouvelle. Candide et Cacambo furent d'abord

1. Au sens, ici, de « valet », en particulier chargé de la cuisine.
2. Littéralement, « les Pères », c'est-à-dire les jésuites diri-
geant la colonie.

désarmés ; on se saisit de leurs deux chevaux anda-
lous. Les deux étrangers sont introduits au milieu de
deux files de soldats ; le commandant était au bout,
le bonnet à trois cornes en tête, la robe retroussée,
l'épée au côté, l'esponton[1] à la main. Il fit un signe ;
aussitôt vingt-quatre soldats entourent les deux nou-
veaux venus. Un sergent leur dit qu'il faut attendre,
que le commandant ne peut leur parler, que le révé-
rend père provincial ne permet pas qu'aucun Espa-
gnol ouvre la bouche qu'en sa présence, et demeure
plus de trois heures dans le pays. « Et où est le révé-
rend père provincial ? dit Cacambo. — Il est à la
parade après avoir dit sa messe, répondit le sergent ;
et vous ne pourrez baiser ses éperons que dans trois
heures. — Mais, dit Cacambo, monsieur le capitaine,
qui meurt de faim comme moi, n'est point espagnol,
il est allemand ; ne pourrions-nous point déjeuner en
attendant Sa Révérence ? »

Le sergent alla sur-le-champ rendre compte de ce
discours au commandant. « Dieu soit béni ! dit ce sei-
gneur ; puisqu'il est allemand, je peux lui parler ; qu'on
le mène dans ma feuillée[2]. » Aussitôt on conduit
Candide dans un cabinet de verdure orné d'une très
jolie colonnade de marbre vert et or, et de treillages
qui renfermaient des perroquets, des colibris, des
oiseaux-mouches, des pintades, et tous les oiseaux les
plus rares. Un excellent déjeuner était préparé dans
des vases d'or ; et tandis que les Paraguains mangè-
rent du maïs dans des écuelles de bois, en plein

1. Nom d'une arme en forme de pique.
2. Abri constitué de feuillages.

champ, à l'ardeur du soleil, le révérend père commandant entra dans la feuillée.

C'était un très beau jeune homme, le visage plein, assez blanc, haut en couleur, le sourcil relevé, l'œil vif, l'oreille rouge, les lèvres vermeilles, l'air fier, mais d'une fierté qui n'était ni celle d'un Espagnol ni celle d'un jésuite. On rendit à Candide et à Cacambo leurs armes, qu'on leur avait saisies, ainsi que les deux chevaux andalous ; Cacambo leur fit manger l'avoine auprès de la feuillée, ayant toujours l'œil sur eux, crainte de surprise.

Candide baisa d'abord le bas de la robe du commandant, ensuite ils se mirent à table. «Vous êtes donc allemand ? lui dit le jésuite en cette langue. — Oui, mon Révérend Père», dit Candide. L'un et l'autre, en prononçant ces paroles, se regardaient avec une extrême surprise et une émotion dont ils n'étaient pas les maîtres. «Et de quel pays d'Allemagne êtes-vous ? dit le jésuite. — De la sale province de Westphalie, dit Candide : je suis né dans le château de Thunder-ten-tronckh. — Ô ciel ! est-il possible ? s'écria le commandant. — Quel miracle ! s'écria Candide. — Serait-ce vous ? dit le commandant. — Cela n'est pas possible», dit Candide. Ils se laissent tomber tous deux à la renverse, ils s'embrassent, ils versent des ruisseaux de larmes. «Quoi ! serait-ce vous, mon Révérend Père ? vous, le frère de la belle Cunégonde ! vous, qui fûtes tué par les Bulgares ! vous, le fils de monsieur le baron ! vous, jésuite au Paraguay ! Il faut avouer que ce monde est une étrange chose. Ô Pangloss ! Pangloss ! que vous seriez aise si vous n'aviez pas été pendu !»

Le commandant fit retirer les esclaves nègres et les Paraguains qui servaient à boire dans des gobelets de cristal de roche. Il remercia Dieu et saint Ignace mille fois ; il serrait Candide entre ses bras ; leurs visages étaient baignés de pleurs. « Vous seriez bien plus étonné, plus attendri, plus hors de vous-même, dit Candide, si je vous disais que Mlle Cunégonde, votre sœur, que vous avez crue éventrée, est pleine de santé. — Où ? — Dans votre voisinage, chez M. le gouverneur de Buenos-Ayres ; et je venais pour vous faire la guerre. » Chaque mot qu'ils prononcèrent dans cette longue conversation accumulait prodige sur prodige. Leur âme tout entière volait sur leur langue, était attentive dans leurs oreilles et étincelante dans leurs yeux. Comme ils étaient allemands, ils tinrent table longtemps, en attendant le révérend père provincial ; et le commandant parla ainsi à son cher Candide.

CHAPITRE QUINZIÈME

Comment Candide tua le frère de sa chère Cunégonde

« J'aurai toute ma vie présent à la mémoire le jour horrible où je vis tuer mon père et ma mère, et violer ma sœur. Quand les Bulgares furent retirés, on ne trouva point cette sœur adorable, et on mit dans une charrette ma mère, mon père et moi, deux servantes et trois petits garçons égorgés, pour nous aller enterrer dans une chapelle de jésuites, à deux lieues du

château de mes pères. Un jésuite nous jeta de l'eau
bénite ; elle était horriblement salée ; il en entra
quelques gouttes dans mes yeux ; le père s'aperçut
que ma paupière faisait un petit mouvement : il mit la
main sur mon cœur et le sentit palpiter ; je fus
secouru, et, au bout de trois semaines, il n'y parais-
sait pas. Vous savez, mon cher Candide, que j'étais
fort joli, je le devins encore davantage ; aussi le révé-
rend père Croust[1], supérieur de la maison, prit pour
moi la plus tendre amitié ; il me donna l'habit de
novice ; quelque temps après je fus envoyé à Rome.
Le père général avait besoin d'une recrue de jeunes
jésuites allemands. Les souverains du Paraguay reçoi-
vent le moins qu'ils peuvent de jésuites espagnols ; ils
aiment mieux les étrangers, dont ils se croient plus
maîtres. Je fus jugé propre par le révérend père géné-
ral pour aller travailler dans cette vigne. Nous par-
tîmes, un Polonais, un Tyrolien et moi. Je fus honoré,
en arrivant, du sous-diaconat et d'une lieutenance ; je
suis aujourd'hui colonel et prêtre. Nous recevrons
vigoureusement les troupes du roi d'Espagne ; je vous
réponds qu'elles seront excommuniées et battues. La
Providence vous envoie ici pour nous seconder. Mais
est-il bien vrai que ma chère sœur Cunégonde soit
dans le voisinage, chez le gouverneur de Buenos-
Ayres ? » Candide l'assura par serment que rien n'était
plus vrai. Leurs larmes recommencèrent à couler.

Le baron ne pouvait se lasser d'embrasser Can-
dide ; il l'appelait son frère, son sauveur. « Ah ! peut-

1. Le nom n'est pas inventé : il s'agit d'un jésuite avec lequel
Voltaire avait eu querelle en 1754 lors de son séjour à Colmar.

être, lui dit-il, nous pourrons ensemble, mon cher Candide, entrer en vainqueurs dans la ville, et reprendre ma sœur Cunégonde. — C'est tout ce que je souhaite, dit Candide ; car je comptais l'épouser, et je l'espère encore. — Vous, insolent ! répondit le baron, vous auriez l'impudence d'épouser ma sœur qui a soixante et douze quartiers ! Je vous trouve bien effronté d'oser me parler d'un dessein si téméraire ! » Candide, pétrifié d'un tel discours, lui répondit : « Mon Révérend Père, tous les quartiers du monde n'y font rien ; j'ai tiré votre sœur des bras d'un Juif et d'un inquisiteur ; elle m'a assez d'obligations, elle veut m'épouser. Maître Pangloss m'a toujours dit que les hommes sont égaux, et assurément je l'épouserai. — C'est ce que nous verrons, coquin ! » dit le jésuite baron de Thunder-ten-tronckh, et en même temps il lui donna un grand coup du plat de son épée sur le visage. Candide dans l'instant tire la sienne et l'enfonce jusqu'à la garde dans le ventre du baron jésuite ; mais, en la retirant toute fumante, il se mit à pleurer : « Hélas ! mon Dieu, dit-il, j'ai tué mon ancien maître, mon ami, mon beau-frère ; je suis le meilleur homme du monde, et voilà déjà trois hommes que je tue ; et dans ces trois il y a deux prêtres. »

Cacambo, qui faisait sentinelle à la porte de la feuillée, accourut. « Il ne nous reste qu'à vendre cher notre vie, lui dit son maître : on va sans doute entrer dans la feuillée, il faut mourir les armes à la main. » Cacambo, qui en avait vu bien d'autres, ne perdit point la tête ; il prit la robe de jésuite que portait le baron, la mit sur le corps de Candide, lui donna le bonnet carré du mort, et le fit monter à cheval. Tout

cela se fit en un clin d'œil. «Galopons, mon maître; tout le monde vous prendra pour un jésuite qui va donner des ordres; et nous aurons passé les frontières avant qu'on puisse courir après nous.» Il volait déjà en prononçant ces paroles, et en criant en espagnol : «Place, place pour le révérend père colonel.»

CHAPITRE SEIZIÈME

Ce qui advint aux deux voyageurs
avec deux filles, deux singes
et les sauvages nommés Oreillons

Candide et son valet furent au-delà des barrières, et personne ne savait encore dans le camp la mort du jésuite allemand. Le vigilant Cacambo avait eu soin de remplir sa valise de pain, de chocolat, de jambon, de fruits et de quelques mesures de vin. Ils s'enfoncèrent avec leurs chevaux andalous dans un pays inconnu, où ils ne découvrirent aucune route. Enfin une belle prairie entrecoupée de ruisseaux se présenta devant eux. Nos deux voyageurs font repaître leurs montures. Cacambo propose à son maître de manger, et lui en donne l'exemple. «Comment veux-tu, disait Candide, que je mange du jambon, quand j'ai tué le fils de monsieur le baron, et que je me vois condamné à ne revoir la belle Cunégonde de ma vie? à quoi me servira de prolonger mes misérables jours, puisque je dois les traîner loin d'elle dans les remords

et dans le désespoir? et que dira le journal de Tré-
voux¹?»

En parlant ainsi, il ne laissait pas de manger. Le soleil
se couchait. Les deux égarés entendirent quelques
petits cris qui paraissaient poussés par des femmes.
Ils ne savaient si ces cris étaient de douleur ou de
joie; mais ils se levèrent précipitamment avec cette
inquiétude et cette alarme que tout inspire dans un
pays inconnu. Ces clameurs partaient de deux filles
toutes nues qui couraient légèrement au bord de la
prairie, tandis que deux singes les suivaient en leur
mordant les fesses. Candide fut touché de pitié; il
avait appris à tirer chez les Bulgares, et il aurait abattu
une noisette dans un buisson sans toucher aux
feuilles. Il prend son fusil espagnol à deux coups, tire,
et tue les deux singes. «Dieu soit loué, mon cher
Cacambo! j'ai délivré d'un grand péril ces deux
pauvres créatures; si j'ai commis un péché en tuant
un inquisiteur et un jésuite, je l'ai bien réparé en sau-
vant la vie à deux filles. Ce sont peut-être deux
demoiselles de condition, et cette aventure nous peut
procurer de très grands avantages dans le pays.»

Il allait continuer, mais sa langue devint percluse²
quand il vit ces deux filles embrasser tendrement les
deux singes, fondre en larmes sur leurs corps et rem-
plir l'air des cris les plus douloureux. «Je ne m'at-
tendais pas à tant de bonté d'âme», dit-il enfin à

1. Le *Journal de Trévoux* (du nom du lieu de sa publication)
était le journal des jésuites : il attaqua Voltaire quand celui-ci se
lia à l'*Encyclopédie* à partir de 1750.
2. Paralysée.

Cacambo; lequel lui répliqua : « Vous avez fait là un beau chef-d'œuvre, mon maître ; vous avez tué les deux amants de ces demoiselles. — Leurs amants ! serait-il possible ? vous vous moquez de moi, Cacambo ; le moyen de vous croire ? — Mon cher maître, reprit Cacambo, vous êtes toujours étonné de tout ; pourquoi trouvez-vous si étrange que dans quelques pays il y ait des singes qui obtiennent les bonnes grâces des dames ? Ils sont des quarts d'hommes, comme je suis un quart d'Espagnol. — Hélas ! reprit Candide, je me souviens d'avoir entendu dire à maître Pangloss qu'autrefois pareils accidents étaient arrivés, et que ces mélanges avaient produit des égipans, des faunes, des satyres [1] ; que plusieurs grands personnages de l'antiquité en avaient vu ; mais je prenais cela pour des fables. — Vous devez être convaincu à présent, dit Cacambo, que c'est une vérité, et vous voyez comment en usent les personnes qui n'ont pas reçu une certaine éducation ; tout ce que je crains, c'est que ces dames ne nous fassent quelque méchante affaire. »

Ces réflexions solides engagèrent Candide à quitter la prairie et à s'enfoncer dans un bois. Il y soupa avec Cacambo ; et tous deux, après avoir maudit l'inquisiteur de Portugal, le gouverneur de Buenos-Ayres et le baron, s'endormirent sur de la mousse. À leur réveil, ils sentirent qu'ils ne pouvaient remuer ; la raison en était que pendant la nuit les Oreillons, habitants du pays, à qui les deux dames les avaient

1. Égipans, faunes et satyres désignent des figures mythologiques qui sont toutes les trois mi-humaines, mi-animales.

dénoncés, les avaient garrottés avec des cordes d'écorce d'arbre. Ils étaient entourés d'une cinquantaine d'Oreillons tout nus, armés de flèches, de massues et de haches de caillou : les uns faisaient bouillir une grande chaudière ; les autres préparaient des broches, et tous criaient : « C'est un jésuite, c'est un jésuite ! nous serons vengés, et nous ferons bonne chère ; mangeons du jésuite, mangeons du jésuite ! »

« Je vous l'avais bien dit, mon cher maître, s'écria tristement Cacambo, que ces deux filles nous joueraient d'un mauvais tour. » Candide, apercevant la chaudière et les broches, s'écria : « Nous allons certainement être rôtis ou bouillis. Ah ! que dirait maître Pangloss, s'il voyait comme la pure nature est faite ? Tout est bien ; soit, mais j'avoue qu'il est bien cruel d'avoir perdu Mlle Cunégonde et d'être mis à la broche par des Oreillons. » Cacambo ne perdait jamais la tête. « Ne désespérez de rien, dit-il au désolé Candide ; j'entends un peu le jargon de ces peuples, je vais leur parler. — Ne manquez pas, dit Candide, de leur représenter quelle est l'inhumanité affreuse de faire cuire des hommes, et combien cela est peu chrétien. »

« Messieurs, dit Cacambo, vous comptez donc manger aujourd'hui un jésuite : c'est très bien fait ; rien n'est plus juste que de traiter ainsi ses ennemis. En effet le droit naturel nous enseigne à tuer notre prochain, et c'est ainsi qu'on en agit dans toute la terre. Si nous n'usons pas du droit de le manger, c'est que nous avons d'ailleurs de quoi faire bonne chère ; mais vous n'avez pas les mêmes ressources que nous ; certainement il vaut mieux manger ses ennemis que

d'abandonner aux corbeaux et aux corneilles le fruit de sa victoire. Mais, messieurs, vous ne voudriez pas manger vos amis. Vous croyez aller mettre un jésuite en broche, et c'est votre défenseur, c'est l'ennemi de vos ennemis que vous allez rôtir. Pour moi, je suis né dans votre pays ; monsieur que vous voyez est mon maître, et, bien loin d'être jésuite, il vient de tuer un jésuite, il en porte les dépouilles : voilà le sujet de votre méprise. Pour vérifier ce que je vous dis, prenez sa robe, portez-la à la première barrière du royaume de Los Padres ; informez-vous si mon maître n'a pas tué un officier jésuite. Il vous faudra peu de temps ; vous pourrez toujours nous manger si vous trouvez que je vous ai menti. Mais, si je vous ai dit la vérité, vous connaissez trop les principes du droit public, les mœurs et les lois, pour ne nous pas faire grâce. »

Les Oreillons trouvèrent ce discours très raisonnable ; ils députèrent deux notables pour aller en diligence s'informer de la vérité ; les deux députés s'acquittèrent de leur commission en gens d'esprit, et revinrent bientôt apporter de bonnes nouvelles. Les Oreillons délièrent leurs deux prisonniers, leur firent toutes sortes de civilités, leur offrirent des filles, leur donnèrent des rafraîchissements, et les reconduisirent jusqu'aux confins de leurs États, en criant avec allégresse : « Il n'est point jésuite, il n'est point jésuite ! »

Candide ne se lassait point d'admirer le sujet de sa délivrance. « Quel peuple ! disait-il, quels hommes ! quelles mœurs ! Si je n'avais pas eu le bonheur de donner un grand coup d'épée au travers du corps du frère de Mlle Cunégonde, j'étais mangé sans rémission. Mais,

après tout, la pure nature est bonne, puisque ces gens-ci, au lieu de me manger, m'ont fait mille honnêtetés dès qu'ils ont su que je n'étais pas jésuite. »

CHAPITRE DIX-SEPTIÈME

Arrivée de Candide et de son valet au pays d'Eldorado [1], et ce qu'ils y virent

Quand ils furent aux frontières des Oreillons : « Vous voyez, dit Cacambo à Candide, que cet hémisphère-ci ne vaut pas mieux que l'autre : croyez-moi, retournons en Europe par le plus court. — Comment y retourner ? dit Candide, et où aller ? Si je vais dans mon pays, les Bulgares et les Abares y égorgent tout ; si je retourne en Portugal, j'y suis brûlé ; si nous restons dans ce pays-ci, nous risquons à tout moment d'être mis en broche. Mais comment se résoudre à quitter la partie du monde que Mlle Cunégonde habite ?

— Tournons vers la Cayenne, dit Cacambo : nous y trouverons des Français, qui vont par tout le monde ; ils pourront nous aider. Dieu aura peut-être pitié de nous. »

Il n'était pas facile d'aller à la Cayenne : ils savaient

1. Le terme d'Eldorado existait avant Voltaire : il désignait cette contrée légendaire, invention des Conquistadores du xvᵉ siècle, où auraient vécu les derniers Incas.

bien à peu près de quel côté il fallait marcher; mais des montagnes, des fleuves, des précipices, des brigands, des sauvages, étaient partout de terribles obstacles. Leurs chevaux moururent de fatigue; leurs provisions furent consumées; ils se nourrirent un mois entier de fruits sauvages, et se trouvèrent enfin auprès d'une petite rivière bordée de cocotiers, qui soutinrent leur vie et leurs espérances.

Cacambo, qui donnait toujours d'aussi bons conseils que la vieille, dit à Candide : « Nous n'en pouvons plus, nous avons assez marché; j'aperçois un canot vide sur le rivage, emplissons-le de cocos, jetons-nous dans cette petite barque, laissons-nous aller au courant; une rivière mène toujours à quelque endroit habité. Si nous ne trouvons pas des choses agréables, nous trouverons du moins des choses nouvelles. — Allons, dit Candide, recommandons-nous à la Providence.»

Ils voguèrent quelques lieues entre des bords tantôt fleuris, tantôt arides, tantôt unis, tantôt escarpés. La rivière s'élargissait toujours; enfin elle se perdait sous une voûte de rochers épouvantables qui s'élevaient jusqu'au ciel. Les deux voyageurs eurent la hardiesse de s'abandonner aux flots sous cette voûte. Le fleuve, resserré en cet endroit, les porta avec une rapidité et un bruit horrible. Au bout de vingt-quatre heures ils revirent le jour; mais leur canot se fracassa contre les écueils; il fallut se traîner de rocher en rocher pendant une lieue entière; enfin ils découvrirent un horizon immense, bordé de montagnes inaccessibles. Le pays était cultivé pour le plaisir comme pour le besoin; partout l'utile était agréable. Les che-

mins étaient couverts ou plutôt ornés de voitures d'une forme et d'une matière brillante, portant des hommes et des femmes d'une beauté singulière, traînés rapidement par de gros moutons rouges[1] qui surpassaient en vitesse les plus beaux chevaux d'Andalousie, de Tétuan et de Méquinez.

« Voilà pourtant, dit Candide, un pays qui vaut mieux que la Westphalie. » Il mit pied à terre avec Cacambo auprès du premier village qu'il rencontra. Quelques enfants du village, couverts de brocarts d'or tout déchirés, jouaient au palet à l'entrée du bourg ; nos deux hommes de l'autre monde s'amusèrent à les regarder : leurs palets étaient d'assez larges pièces rondes, jaunes, rouges, vertes, qui jetaient un éclat singulier. Il prit envie aux voyageurs d'en ramasser quelques-uns ; c'était de l'or, c'était des émeraudes, des rubis, dont le moindre aurait été le plus grand ornement du trône du Mongol[2]. « Sans doute[3], dit Cacambo, ces enfants sont les fils du roi du pays qui jouent au petit palet. » Le magister[4] du village parut dans ce moment pour les faire rentrer à l'école. « Voilà, dit Candide, le précepteur de la famille royale. »

Les petits gueux quittèrent aussitôt le jeu, en laissant à terre leurs palets et tout ce qui avait servi à leurs divertissements. Candide les ramasse, court au précepteur, et les lui présente humblement, lui faisant

1. Ces moutons sont sans doute des lamas.
2. Nom donné à l'empereur des Indes.
3. Au sens de « sans aucun doute », « certainement ».
4. Mot latin qui désigne le maître d'école.

entendre par signes que Leurs Altesses Royales
avaient oublié leur or et leurs pierreries. Le magister
du village, en souriant, les jeta par terre, regarda un
moment la figure de Candide avec beaucoup de sur-
prise, et continua son chemin.

Les voyageurs ne manquèrent pas de ramasser l'or,
les rubis et les émeraudes. « Où sommes-nous ?
s'écria Candide ; il faut que les enfants des rois de ce
pays soient bien élevés, puisqu'on leur apprend à
mépriser l'or et les pierreries. » Cacambo était aussi
surpris que Candide. Ils approchèrent enfin de la pre-
mière maison du village ; elle était bâtie comme un
palais d'Europe. Une foule de monde s'empressait à
la porte, et encore plus dans le logis. Une musique
très agréable se faisait entendre, et une odeur déli-
cieuse de cuisine se faisait sentir. Cacambo s'appro-
cha de la porte, et entendit qu'on parlait péruvien ;
c'était sa langue maternelle : car tout le monde sait
que Cacambo était né au Tucuman, dans un village où
l'on ne connaissait que cette langue. « Je vous servi-
rai d'interprète, dit-il à Candide ; entrons, c'est ici un
cabaret. »

Aussitôt deux garçons et deux filles de l'hôtellerie,
vêtus de drap d'or, et les cheveux renoués avec des
rubans, les invitent à se mettre à la table de l'hôte.
On servit quatre potages garnis chacun de deux per-
roquets, un contour[1] bouilli qui pesait deux cents
livres, deux singes rôtis d'un goût excellent, trois
cents colibris dans un plat, et six cents oiseaux-
mouches dans un autre ; des ragoûts exquis, des pâtis-

1. Nom indigène du condor.

series délicieuses ; le tout dans des plats d'une espèce de cristal de roche. Les garçons et les filles de l'hôtellerie versaient plusieurs liqueurs faites de canne de sucre.

Les convives étaient pour la plupart des marchands et des voituriers, tous d'une politesse extrême, qui firent quelques questions à Cacambo avec la discrétion la plus circonspecte, et qui répondirent aux siennes d'une manière à le satisfaire.

Quand le repas fut fini, Cacambo crut, ainsi que Candide, bien payer son écot en jetant sur la table de l'hôte deux de ces larges pièces d'or qu'il avait ramassées ; l'hôte et l'hôtesse éclatèrent de rire, et se tinrent longtemps les côtés. Enfin ils se remirent : « Messieurs, dit l'hôte, nous voyons bien que vous êtes des étrangers ; nous ne sommes pas accoutumés à en voir. Pardonnez-nous si nous nous sommes mis à rire quand vous nous avez offert en payement les cailloux de nos grands chemins. Vous n'avez pas sans doute de la monnaie du pays, mais il n'est pas nécessaire d'en avoir pour dîner ici. Toutes les hôtelleries établies pour la commodité du commerce sont payées par le gouvernement. Vous avez fait mauvaise chère ici, parce que c'est un pauvre village ; mais partout ailleurs vous serez reçus comme vous méritez de l'être. » Cacambo expliquait à Candide tous les discours de l'hôte, et Candide les écoutait avec la même admiration et le même égarement que son ami Cacambo les rendait. « Quel est donc ce pays, disaient-ils l'un et l'autre, inconnu à tout le reste de la terre, et où toute la nature est d'une espèce si différente de la nôtre ? C'est probablement le pays où

tout va bien ; car il faut absolument qu'il y en ait de cette espèce. Et, quoi qu'en dît maître Pangloss, je me suis souvent aperçu que tout allait assez mal en West-phalie. »

CHAPITRE DIX-HUITIÈME

Ce qu'ils virent dans le pays d'Eldorado

Cacambo témoigna à son hôte toute sa curiosité ; l'hôte lui dit : « Je suis fort ignorant, et je m'en trouve bien ; mais nous avons ici un vieillard retiré de la cour, qui est le plus savant homme du royaume, et le plus communicatif. » Aussitôt il mène Cacambo chez le vieillard. Candide ne jouait plus que le second personnage, et accompagnait son valet. Ils entrèrent dans une maison fort simple, car la porte n'était que d'argent, et les lambris des appartements n'étaient que d'or, mais travaillés avec tant de goût que les plus riches lambris ne l'effaçaient pas. L'antichambre n'était à la vérité incrustée que de rubis et d'émeraudes ; mais l'ordre dans lequel tout était arrangé réparait bien cette extrême simplicité.

Le vieillard reçut les deux étrangers sur un sopha matelassé de plumes de colibri, et leur fit présenter des liqueurs dans des vases de diamant ; après quoi il satisfit à leur curiosité en ces termes :

« Je suis âgé de cent soixante et douze ans, et j'ai appris de feu mon père, écuyer du roi, les étonnantes révolutions du Pérou dont il avait été témoin. Le

royaume où nous sommes est l'ancienne patrie des Incas, qui en sortirent très imprudemment pour aller subjuguer une partie du monde, et qui furent enfin détruits par les Espagnols.

« Les princes de leur famille qui restèrent dans leur pays natal furent plus sages ; ils ordonnèrent, du consentement de la nation, qu'aucun habitant ne sortirait jamais de notre petit royaume ; et c'est ce qui nous a conservé notre innocence et notre félicité. Les Espagnols ont eu une connaissance confuse de ce pays, ils l'ont appelé El Dorado, et un Anglais, nommé le chevalier Raleigh, en a même approché il y a environ cent années ; mais, comme nous sommes entourés de rochers inabordables et de précipices, nous avons toujours été jusqu'à présent à l'abri de la rapacité des nations de l'Europe, qui ont une fureur inconcevable pour les cailloux et pour la fange de notre terre, et qui, pour en avoir, nous tueraient tous jusqu'au dernier. »

La conversation fut longue ; elle roula sur la forme du gouvernement, sur les mœurs, sur les femmes, sur les spectacles publics, sur les arts. Enfin Candide, qui avait toujours du goût pour la métaphysique, fit demander par Cacambo si dans le pays il y avait une religion.

Le vieillard rougit un peu. « Comment donc, dit-il, en pouvez-vous douter ? Est-ce que vous nous prenez pour des ingrats ? » Cacambo demanda humblement quelle était la religion d'Eldorado. Le vieillard rougit encore. « Est-ce qu'il peut y avoir deux religions ? dit-il ; nous avons, je crois, la religion de tout le monde : nous adorons Dieu du soir jusqu'au matin.

— N'adorez-vous qu'un seul Dieu ? dit Cacambo, qui servait toujours d'interprète aux doutes de Candide. — Apparemment, dit le vieillard, qu'il n'y en a ni deux, ni trois, ni quatre. Je vous avoue que les gens de votre monde font des questions bien singulières. » Candide ne se lassait pas de faire interroger ce bon vieillard ; il voulut savoir comment on priait Dieu dans l'Eldorado. « Nous ne le prions point, dit le bon et respectable sage ; nous n'avons rien à lui demander ; il nous a donné tout ce qu'il nous faut ; nous le remercions sans cesse. » Candide eut la curiosité de voir des prêtres ; il fit demander où ils étaient. Le bon vieillard sourit. « Mes amis, dit-il, nous sommes tous prêtres ; le roi et tous les chefs de famille chantent des cantiques d'actions de grâces solennellement tous les matins ; et cinq ou six mille musiciens les accompagnent.

— Quoi ! vous n'avez point de moines qui enseignent, qui disputent, qui gouvernent, qui cabalent[1], et qui font brûler les gens qui ne sont pas de leur avis ? — Il faudrait que nous fussions fous, dit le vieillard ; nous sommes tous ici du même avis, et nous n'entendons pas ce que vous voulez dire avec vos moines. » Candide à tous ces discours demeurait en extase, et disait en lui-même : « Ceci est bien différent de la Westphalie et du château de monsieur le baron : si notre ami Pangloss avait vu Eldorado, il n'aurait plus dit que le château de Thunder-ten-tronckh

1. Cabaler : intriguer, comploter. Voltaire utilise souvent ce terme pour décrire le monde des lettres de son temps. Un de ses poèmes satiriques s'appelle d'ailleurs *Les cabales* (1772).

était ce qu'il y avait de mieux sur la terre ; il est certain qu'il faut voyager. »

Après cette longue conversation, le bon vieillard fit atteler un carrosse à six moutons, et donna douze de ses domestiques aux deux voyageurs pour les conduire à la cour : « Excusez-moi, leur dit-il, si mon âge me prive de l'honneur de vous accompagner. Le roi vous recevra d'une manière dont vous ne serez pas mécontents, et vous pardonnerez sans doute aux usages du pays s'il y en a quelques-uns qui vous déplaisent. »

Candide et Cacambo montent en carrosse ; les six moutons volaient, et en moins de quatre heures on arriva au palais du roi, situé à un bout de la capitale. Le portail était de deux cent vingt pieds de haut et de cent de large[1] ; il est impossible d'exprimer quelle en était la matière. On voit assez quelle supériorité prodigieuse elle devait avoir sur ces cailloux et sur ce sable que nous nommons *or* et *pierreries*.

Vingt belles filles de la garde reçurent Candide et Cacambo à la descente du carrosse, les conduisirent aux bains, les vêtirent de robes d'un tissu de duvet de colibri ; après quoi les grands officiers et les grandes officières de la couronne les menèrent à l'appartement de Sa Majesté, au milieu de deux files chacune de mille musiciens, selon l'usage ordinaire. Quand ils approchèrent de la salle du trône, Cacambo demanda à un grand officier comment il fallait s'y prendre pour saluer Sa Majesté ; si on se jetait à genoux ou ventre à terre ; si on mettait les mains sur la tête ou sur le

1. Soit, approximativement, 66 mètres de haut sur 30 de large.

derrière ; si on léchait la poussière de la salle ; en un mot, quelle était la cérémonie. « L'usage, dit le grand officier, est d'embrasser le roi et de le baiser des deux côtés. » Candide et Cacambo sautèrent au cou de Sa Majesté, qui les reçut avec toute la grâce imaginable et qui les pria poliment à souper.

En attendant, on leur fit voir la ville, les édifices publics élevés jusqu'aux nues, les marchés ornés de mille colonnes, les fontaines d'eau pure, les fontaines d'eau rose, celles de liqueurs de canne de sucre, qui coulaient continuellement dans de grandes places, pavées d'une espèce de pierreries qui répandaient une odeur semblable à celle du gérofle et de la cannelle. Candide demanda à voir la cour de justice, le parlement ; on lui dit qu'il n'y en avait point, et qu'on ne plaidait jamais. Il s'informa s'il y avait des prisons, et on lui dit que non. Ce qui le surprit davantage, et qui lui fit le plus de plaisir, ce fut le palais des sciences, dans lequel il vit une galerie de deux mille pas [1], toute pleine d'instruments de mathématique et de physique.

Après avoir parcouru, toute l'après-dînée, à peu près la millième partie de la ville, on les ramena chez le roi. Candide se mit à table entre Sa Majesté, son valet Cacambo et plusieurs dames. Jamais on ne fit meilleure chère, et jamais on n'eut plus d'esprit à souper qu'en eut Sa Majesté. Cacambo expliquait les bons mots du roi à Candide, et quoique traduits, ils paraissaient toujours des bons mots. De tout ce qui étonnait Candide, ce n'était pas ce qui l'étonna le moins.

1. Soit, approximativement, 1,5 kilomètre.

Ils passèrent un mois dans cet hospice. Candide ne
cessait de dire à Cacambo : « Il est vrai, mon ami,
encore une fois, que le château où je suis né ne vaut
pas le pays où nous sommes ; mais enfin Mlle Cuné-
gonde n'y est pas, et vous avez sans doute quelque
maîtresse en Europe. Si nous restons ici, nous n'y
serons que comme les autres ; au lieu que si nous
retournons dans notre monde seulement avec douze
moutons chargés de cailloux d'Eldorado, nous serons
plus riches que tous les rois ensemble, nous n'aurons
plus d'inquisiteurs à craindre, et nous pourrons aisé-
ment reprendre Mlle Cunégonde. »

Ce discours plut à Cacambo : on aime tant à cou-
rir, à se faire valoir chez les siens, à faire parade de
ce qu'on a vu dans ses voyages, que les deux heureux
résolurent de ne plus l'être et de demander leur
congé à Sa Majesté.

« Vous faites une sottise, leur dit le roi ; je sais bien
que mon pays est peu de chose ; mais, quand on est
passablement quelque part, il faut y rester ; je n'ai pas
assurément le droit de retenir des étrangers ; c'est
une tyrannie qui n'est ni dans nos mœurs, ni dans nos
lois : tous les hommes sont libres ; partez quand vous
voudrez, mais la sortie est bien difficile. Il est impos-
sible de remonter la rivière rapide sur laquelle vous
êtes arrivés par miracle, et qui court sous des voûtes
de rochers. Les montagnes qui entourent tout mon
royaume ont dix mille pieds de hauteur [1], et sont

1. Soit plus de 3 000 mètres. Cette géographie de fantaisie
s'appuie autant sur la géographie réelle de l'Amérique du Sud
qu'elle participe du lieu commun de l'enclavement ou de l'insu-
larité du monde utopique.

droites comme des murailles ; elles occupent chacune
en largeur un espace de plus de dix lieues[1] ; on ne
peut en descendre que par des précipices. Cepen-
dant, puisque vous voulez absolument partir, je vais
donner ordre aux intendants des machines d'en faire
une qui puisse vous transporter commodément.
Quand on vous aura conduits au revers des mon-
tagnes, personne ne pourra vous accompagner ; car
mes sujets ont fait vœu de ne jamais sortir de leur
enceinte, et ils sont trop sages pour rompre leur vœu.
Demandez-moi d'ailleurs tout ce qu'il vous plaira. —
Nous ne demandons à Votre Majesté, dit Cacambo,
que quelques moutons chargés de vivres, de cailloux,
et de la boue du pays. » Le roi rit. « Je ne conçois pas,
dit-il, quel goût vos gens d'Europe ont pour notre
boue jaune ; mais emportez-en tant que vous voudrez,
et grand bien vous fasse. »

Il donna l'ordre sur-le-champ à ses ingénieurs de
faire une machine pour guinder[2] ces deux hommes
extraordinaires hors du royaume. Trois mille bons
physiciens y travaillèrent ; elle fut prête au bout de
quinze jours, et ne coûta pas plus de vingt millions de
livres sterling, monnaie du pays. On mit sur la
machine Candide et Cacambo ; il y avait deux grands
moutons rouges sellés et bridés pour leur servir de
monture quand ils auraient franchi les montagnes,
vingt moutons de bât chargés de vivres, trente qui
portaient des présents de ce que le pays a de plus
curieux, et cinquante chargés d'or, de pierreries et

1. Soit, environ, 40 kilomètres.
2. Hisser avec un câble et des poulies.

de diamants. Le roi embrassa tendrement les deux vagabonds.

Ce fut un beau spectacle que leur départ, et la manière ingénieuse dont ils furent hissés, eux et leurs moutons, au haut des montagnes. Les physiciens prirent congé d'eux après les avoir mis en sûreté, et Candide n'eut plus d'autre désir et d'autre objet que d'aller présenter ses moutons à Mlle Cunégonde. «Nous avons, dit-il, de quoi payer le gouverneur de Buenos-Ayres, si Mlle Cunégonde peut être mise à prix. Marchons vers la Cayenne, embarquons-nous, et nous verrons ensuite quel royaume nous pourrons acheter.»

CHAPITRE DIX-NEUVIÈME

Ce qui leur arriva à Surinam, et comment Candide fit connaissance avec Martin

La première journée de nos deux voyageurs fut assez agréable. Ils étaient encouragés par l'idée de se voir possesseurs de plus de trésors que l'Asie, l'Europe et l'Afrique n'en pouvaient rassembler. Candide, transporté, écrivit le nom de Cunégonde sur les arbres. À la seconde journée deux de leurs moutons s'enfoncèrent dans des marais, et y furent abîmés avec leurs charges; deux autres moutons moururent de fatigue quelques jours après; sept ou huit périrent ensuite de faim dans un désert; d'autres tombèrent au bout de quelques jours dans des précipices. Enfin, après cent jours de marche, il ne leur resta que deux moutons.

Candide dit à Cacambo : «Mon ami, vous voyez comme les richesses de ce monde sont périssables ; il n'y a rien de solide que la vertu et le bonheur de revoir Mlle Cunégonde. — Je l'avoue, dit Cacambo ; mais il nous reste encore deux moutons avec plus de trésors que n'en aura jamais le roi d'Espagne, et je vois de loin une ville que je soupçonne être Surinam, appartenant aux Hollandais. Nous sommes au bout de nos peines et au commencement de notre félicité.»

En approchant de la ville, ils rencontrèrent un nègre étendu par terre, n'ayant plus que la moitié de son habit, c'est-à-dire d'un caleçon de toile bleue ; il manquait à ce pauvre homme la jambe gauche et la main droite. «Eh, mon Dieu ! lui dit Candide en hollandais, que fais-tu là, mon ami, dans l'état horrible où je te vois ? — J'attends mon maître, M. Vanderdendur, le fameux négociant, répondit le nègre. — Est-ce M. Vanderdendur, dit Candide, qui t'a traité ainsi ? — Oui, monsieur, dit le nègre, c'est l'usage. On nous donne un caleçon de toile pour tout vêtement deux fois l'année. Quand nous travaillons aux sucreries, et que la meule nous attrape le doigt, on nous coupe la main ; quand nous voulons nous enfuir, on nous coupe la jambe : je me suis trouvé dans les deux cas. C'est à ce prix que vous mangez du sucre en Europe [1].

1. La dénonciation de l'esclavage est récurrente dans l'opinion éclairée des Lumières. Cet épisode a cependant été ajouté tardivement par Voltaire, à la lecture de l'ouvrage d'Helvétius *De l'esprit* (1758), qui venait de provoquer le scandale. Mais c'est bien plutôt l'ironie de Montesquieu qu'on retrouve : « *Le sucre serait trop cher, si l'on ne faisait travailler la plante qui le produit par des esclaves* » (*De l'esprit des lois*, XV, 5).

Cependant, lorsque ma mère me vendit dix écus patagons [1] sur la côte de Guinée, elle me disait : « Mon cher enfant, bénis nos fétiches, adore-les toujours, ils te feront vivre heureux, tu as l'honneur d'être esclave de nos seigneurs les blancs, et tu fais par là la fortune de ton père et de ta mère. » Hélas ! je ne sais pas si j'ai fait leur fortune, mais ils n'ont pas fait la mienne. Les chiens, les singes et les perroquets sont mille fois moins malheureux que nous. Les fétiches hollandais [2] qui m'ont converti me disent tous les dimanches que nous sommes tous enfants d'Adam, blancs et noirs. Je ne suis pas généalogiste ; mais si ces prêcheurs disent vrai, nous sommes tous cousins issus de germains. Or vous m'avouerez qu'on ne peut pas en user avec ses parents d'une manière plus horrible.

— Ô Pangloss ! s'écria Candide, tu n'avais pas deviné cette abomination ; c'en est fait, il faudra qu'à la fin je renonce à ton optimisme. — Qu'est-ce qu'optimisme ? disait Cacambo. — Hélas ! dit Candide, c'est la rage de soutenir que tout est bien quand on est mal. » Et il versait des larmes en regardant son nègre, et en pleurant il entra dans Surinam.

La première chose dont ils s'informent, c'est s'il n'y a point au port quelque vaisseau qu'on pût envoyer à Buenos-Ayres. Celui à qui ils s'adressèrent était justement un patron espagnol, qui s'offrit à faire avec eux un marché honnête. Il leur donna rendez-vous

1. Monnaie espagnole et flamande en argent.
2. Il désigne ici, à travers ses propres catégories, les pasteurs hollandais.

dans un cabaret. Candide et le fidèle Cacambo allèrent l'y attendre avec leurs deux moutons.

Candide, qui avait le cœur sur les lèvres, conta à l'Espagnol toutes ses aventures, et lui avoua qu'il voulait enlever Mlle Cunégonde. « Je me garderai bien de vous passer à Buenos-Ayres, dit le patron : je serais pendu et vous aussi. La belle Cunégonde est la maîtresse favorite de monseigneur. » Ce fut un coup de foudre pour Candide ; il pleura longtemps ; enfin il tira à part Cacambo : « Voici, mon cher ami, lui dit-il, ce qu'il faut que tu fasses. Nous avons chacun dans nos poches pour cinq ou six millions de diamants ; tu es plus habile que moi ; va prendre Mlle Cunégonde à Buenos-Ayres. Si le gouverneur fait quelques difficultés, donne-lui un million ; s'il ne se rend pas, donne-lui-en deux ; tu n'as point tué d'inquisiteur, on ne se défiera point de toi. J'équiperai un autre vaisseau ; j'irai t'attendre à Venise ; c'est un pays libre où l'on n'a rien à craindre ni des Bulgares, ni des Abares, ni des Juifs, ni des inquisiteurs. » Cacambo applaudit à cette sage résolution. Il était au désespoir de se séparer d'un bon maître, devenu son ami intime ; mais le plaisir de lui être utile l'emporta sur la douleur de le quitter. Ils s'embrassèrent en versant des larmes. Candide lui recommanda de ne point oublier la bonne vieille. Cacambo partit dès le jour même : c'était un très bon homme que ce Cacambo.

Candide resta encore quelque temps à Surinam, et attendit qu'un autre patron voulût le mener en Italie, lui et les deux moutons qui lui restaient. Il prit des domestiques, et acheta tout ce qui lui était nécessaire pour un long voyage ; enfin M. Vanderdendur, maître

d'un gros vaisseau, vint se présenter à lui. « Combien voulez-vous, demanda-t-il à cet homme, pour me mener en droiture[1] à Venise, moi, mes gens, mon bagage, et les deux moutons que voilà ? » Le patron s'accorda à dix mille piastres[2]. Candide n'hésita pas.

« Oh ! oh ! dit à part soi le prudent Vanderdendur, cet étranger donne dix mille piastres tout d'un coup ! il faut qu'il soit bien riche. » Puis, revenant un moment après, il signifia qu'il ne pouvait partir à moins de vingt mille. « Eh bien ! vous les aurez », dit Candide.

« Ouais ! se dit tout bas le marchand, cet homme donne vingt mille piastres aussi aisément que dix mille. » Il revint encore, et dit qu'il ne pouvait le conduire à Venise à moins de trente mille piastres. « Vous en aurez donc trente mille », répondit Candide.

« Oh ! oh ! se dit encore le marchand hollandais, trente mille piastres ne coûtent rien à cet homme-ci ; sans doute les deux moutons portent des trésors immenses ; n'insistons pas davantage : faisons-nous d'abord payer les trente mille piastres, et puis nous verrons. » Candide vendit deux petits diamants, dont le moindre valait plus que tout l'argent que demandait le patron. Il le paya d'avance. Les deux moutons furent embarqués. Candide suivait dans un petit bateau pour joindre le vaisseau à la rade ; le patron prend son temps[3], met à la voile, démarre[4] ; le vent

1. On dirait de nos jours : « directement », « en droite ligne ».
2. Monnaie espagnole en argent.
3. L'expression signifie « choisir le moment favorable ».
4. Terme technique de navigation qui désigne l'action de larguer les amarres.

le favorise. Candide, éperdu et stupéfait, le perd bientôt de vue. «Hélas! cria-t-il, voilà un tour digne de l'ancien monde.» Il retourne au rivage, abîmé dans la douleur; car enfin il avait perdu de quoi faire la fortune de vingt monarques.

Il se transporte chez le juge hollandais; et comme il était un peu troublé, il frappe rudement à la porte; il entre, expose son aventure, et crie un peu plus haut qu'il ne convenait. Le juge commença par lui faire payer dix mille piastres pour le bruit qu'il avait fait. Ensuite il l'écouta patiemment, lui promit d'examiner son affaire sitôt que le marchand serait revenu, et se fit payer dix mille autres piastres pour les frais de l'audience.

Ce procédé acheva de désespérer Candide; il avait à la vérité essuyé des malheurs mille fois plus douloureux; mais le sang-froid du juge, et celui du patron dont il était volé, alluma sa bile[1], et le plongea dans une noire mélancolie. La méchanceté des hommes se présentait à son esprit dans toute sa laideur; il ne se nourrissait que d'idées tristes. Enfin, un vaisseau français étant sur le point de partir pour Bordeaux, comme il n'avait plus de moutons chargés de diamants à embarquer, il loua une chambre du vaisseau à juste prix, et fit signifier dans la ville qu'il payerait le passage, la nourriture, et donnerait deux mille piastres à un honnête homme qui voudrait faire le voyage avec lui, à condition que cet homme serait le plus dégoûté de son état et le plus malheureux de la province.

Il se présenta une foule de prétendants qu'une

1. Excita sa colère.

flotte n'aurait pu contenir. Candide voulant choisir
entre les plus apparents [1], il distingua une vingtaine
de personnes qui lui paraissaient assez sociables, et
qui toutes prétendaient mériter la préférence. Il les
assembla dans son cabaret, et leur donna à souper, à
condition que chacun ferait serment de raconter fidè-
lement son histoire, promettant de choisir celui qui
lui paraîtrait le plus à plaindre et le plus mécontent
de son état à plus juste titre, et de donner aux autres
quelques gratifications.

La séance dura jusqu'à quatre heures du matin.
Candide, en écoutant toutes leurs aventures, se res-
souvenait de ce que lui avait dit la vieille en allant à
Buenos-Ayres, et de la gageure qu'elle avait faite, qu'il
n'y avait personne sur le vaisseau à qui il ne fût arrivé
de très grands malheurs. Il songeait à Pangloss à
chaque aventure qu'on lui contait. « Ce Pangloss,
disait-il, serait bien embarrassé à démontrer son sys-
tème. Je voudrais qu'il fût ici. Certainement, si tout
va bien, c'est dans Eldorado, et non pas dans le reste
de la terre. » Enfin il se détermina en faveur d'un
pauvre savant qui avait travaillé dix ans pour les
libraires d'Amsterdam. Il jugea qu'il n'y avait point de
métier au monde dont on dût être plus dégoûté.

Ce savant, qui était d'ailleurs un bon homme, avait
été volé par sa femme, battu par son fils, et abandonné
de sa fille qui s'était fait enlever par un Portugais. Il
venait d'être privé d'un petit emploi duquel il subsis-
tait ; et les prédicants de Surinam le persécutaient

1. Au sens de « ceux qui ont la meilleure apparence », « les
plus remarquables », « les plus distingués ».

parce qu'ils le prenaient pour un socinien[1]. Il faut avouer que les autres étaient pour le moins aussi malheureux que lui ; mais Candide espérait que le savant le désennuierait dans le voyage. Tous ses autres rivaux trouvèrent que Candide leur faisait une grande injustice ; mais il les apaisa en leur donnant à chacun cent piastres.

CHAPITRE VINGTIÈME

Ce qui arriva sur mer à Candide et à Martin

Le vieux savant, qui s'appelait Martin, s'embarqua donc pour Bordeaux avec Candide. L'un et l'autre avaient beaucoup vu et beaucoup souffert ; et quand le vaisseau aurait dû faire voile de Surinam au Japon par le cap de Bonne-Espérance, ils auraient eu de quoi s'entretenir du mal moral et du mal physique pendant tout le voyage.

Cependant Candide avait un grand avantage sur Martin, c'est qu'il espérait toujours revoir Mlle Cunégonde, et que Martin n'avait rien à espérer ; de plus, il avait de l'or et des diamants ; et, quoiqu'il eût perdu cent gros moutons rouges chargés des plus grands

1. Les sociniens étaient les disciples de Socin, réformateur du XVIᵉ siècle. Ce courant protestant radical et contesté était bien vu des déistes tels que Voltaire : il préconisait en effet une interprétation strictement rationnelle des Écritures, refusant, en particulier, le dogme de la Trinité.

trésors de la terre, quoiqu'il eût toujours sur le cœur la friponnerie du patron hollandais, cependant, quand il songeait à ce qui lui restait dans ses poches, et quand il parlait de Cunégonde, surtout à la fin du repas, il penchait alors pour le système de Pangloss.

« Mais vous, monsieur Martin, dit-il au savant, que pensez-vous de tout cela ? Quelle est votre idée sur le mal moral et le mal physique ? — Monsieur, répondit Martin, mes prêtres m'ont accusé d'être socinien ; mais la vérité du fait est que je suis manichéen[1]. — Vous vous moquez de moi, dit Candide, il n'y a plus de manichéens dans le monde. — Il y a moi, dit Martin ; je ne sais qu'y faire, mais je ne peux penser autrement. — Il faut que vous ayez le diable au corps, dit Candide. — Il se mêle si fort des affaires de ce monde, dit Martin, qu'il pourrait bien être dans mon corps, comme partout ailleurs ; mais je vous avoue qu'en jetant la vue sur ce globe, ou plutôt sur ce globule, je pense que Dieu l'a abandonné à quelque être malfaisant ; j'en excepte toujours Eldorado. Je n'ai guère vu de ville qui ne désirât la ruine de la ville voisine, point de famille qui ne voulût exterminer quelque autre famille. Partout les faibles ont en exécration les puissants devant lesquels ils rampent, et les puissants les traitent comme des troupeaux dont on vend la laine et la chair. Un million d'assassins enrégimentés, courant d'un bout de l'Europe à l'autre, exerce le meurtre et le brigandage avec discipline pour gagner son pain,

1. Doctrine hérétique née au II[e] siècle reposant sur l'opposition de deux principes (le bien et le mal) à l'origine du monde : Voltaire a toujours été tenté par cette conception.

parce qu'il n'a pas de métier plus honnête ; et dans les villes qui paraissent jouir de la paix et où les arts fleurissent, les hommes sont dévorés de plus d'envie, de soins et d'inquiétudes qu'une ville assiégée n'éprouve de fléaux. Les chagrins secrets sont encore plus cruels que les misères publiques. En un mot, j'en ai tant vu, et tant éprouvé, que je suis manichéen.

— Il y a pourtant du bon, répliquait Candide. — Cela peut être, disait Martin, mais je ne le connais pas. »

Au milieu de cette dispute [1], on entendit un bruit de canon. Le bruit redouble de moment en moment. Chacun prend sa lunette. On aperçoit deux vaisseaux qui combattaient à la distance d'environ trois milles ; le vent les amena l'un et l'autre si près du vaisseau français qu'on eut le plaisir de voir le combat tout à son aise. Enfin l'un des deux vaisseaux lâcha à l'autre une bordée si bas et si juste qu'il le coula à fond. Candide et Martin aperçurent distinctement une centaine d'hommes sur le tillac du vaisseau qui s'enfonçait ; ils levaient tous les mains au ciel et jetaient des clameurs effroyables ; en un moment tout fut englouti.

« Eh bien ! dit Martin, voilà comme les hommes se traitent les uns les autres. — Il est vrai, dit Candide, qu'il y a quelque chose de diabolique dans cette affaire. » En parlant ainsi, il aperçut je ne sais quoi d'un rouge éclatant qui nageait auprès de son vaisseau. On détacha la chaloupe pour voir ce que ce pouvait être ; c'était un de ses moutons. Candide eut plus de joie de retrouver ce mouton qu'il n'avait été affligé d'en perdre cent tous chargés de gros diamants d'Eldorado.

1. Au sens rhétorique d'« échange d'arguments ».

Le capitaine français aperçut bientôt que le capitaine du vaisseau submergeant était espagnol, et que celui du vaisseau submergé était un pirate hollandais ; c'était celui-là même qui avait volé Candide. Les richesses immenses dont ce scélérat s'était emparé furent ensevelies avec lui dans la mer, et il n'y eut qu'un mouton de sauvé. «Vous voyez, dit Candide à Martin, que le crime est puni quelquefois ; ce coquin de patron hollandais a eu le sort qu'il méritait. — Oui, dit Martin, mais fallait-il que les passagers qui étaient sur son vaisseau périssent aussi ? Dieu a puni ce fripon, le diable a noyé les autres.»

Cependant le vaisseau français et l'espagnol continuèrent leur route, et Candide continua ses conversations avec Martin. Ils disputèrent quinze jours de suite, et au bout de quinze jours ils étaient aussi avancés que le premier. Mais enfin ils parlaient, ils se communiquaient des idées, ils se consolaient. Candide caressait son mouton. «Puisque je t'ai retrouvé, dit-il, je pourrai bien retrouver Cunégonde.»

CHAPITRE VINGT ET UNIÈME

Candide et Martin
approchent des côtes de France
et raisonnent

On aperçut enfin les côtes de France. «Avez-vous jamais été en France, monsieur Martin ? dit Candide. — Oui, dit Martin, j'ai parcouru plusieurs provinces.

Il y en a où la moitié des habitants est folle, quelques-
unes où l'on est trop rusé, d'autres où l'on est com-
munément assez doux et assez bête, d'autres où l'on
fait le bel esprit ; et dans toutes, la principale occu-
pation est l'amour, la seconde de médire, et la troi-
sième de dire des sottises. — Mais, monsieur Martin,
avez-vous vu Paris ? — Oui, j'ai vu Paris ; il tient de
toutes ces espèces-là ; c'est un chaos, c'est une
presse[1] dans laquelle tout le monde cherche le plai-
sir, et où presque personne ne le trouve, du moins à
ce qu'il m'a paru. J'y ai séjourné peu ; j'y fus volé, en
arrivant, de tout ce que j'avais, par des filous, à la foire
Saint-Germain ; on me prit moi-même pour un voleur,
et je fus huit jours en prison ; après quoi je me fis cor-
recteur d'imprimerie pour gagner de quoi retourner
à pied en Hollande. Je connus la canaille écrivante, la
canaille cabalante, et la canaille convulsionnaire[2]. On
dit qu'il y a des gens fort polis dans cette ville-là ; je
le veux croire.

— Pour moi, je n'ai nulle curiosité de voir la
France, dit Candide ; vous devinez aisément que,
quand on a passé un mois dans Eldorado, on ne se
soucie plus de rien voir sur la terre que Mlle Cuné-
gonde ; je vais l'attendre à Venise ; nous traverserons
la France pour aller en Italie ; ne m'accompagnerez-
vous pas ? — Très volontiers, dit Martin ; on dit que

1. Au sens de « désordre causé par une multitude de gens en
un espace restreint ».
2. Par ces trois épithètes, Voltaire vise successivement les
journalistes, les religieux et les jansénistes (Voltaire a assisté au
spectacle des « convulsions » sur la tombe du diacre Pris entre
1729 et 1732).

Venise n'est bonne que pour les nobles Vénitiens, mais que cependant on y reçoit très bien les étrangers quand ils ont beaucoup d'argent ; je n'en ai point, vous en avez, je vous suivrai partout. — À propos, dit Candide, pensez-vous que la terre ait été originairement une mer, comme on l'assure dans ce gros livre [1] qui appartient au capitaine du vaisseau ? — Je n'en crois rien du tout, dit Martin, non plus que de toutes les rêveries qu'on nous débite depuis quelque temps. — Mais à quelle fin ce monde a-t-il donc été formé ? dit Candide. — Pour nous faire enrager, répondit Martin. — N'êtes-vous pas bien étonné, continua Candide, de l'amour que ces deux filles du pays des Oreillons avaient pour ces deux singes, et dont je vous ai conté l'aventure ? — Point du tout, dit Martin ; je ne vois pas ce que cette passion a d'étrange ; j'ai tant vu de choses extraordinaires, qu'il n'y a plus rien d'extraordinaire. — Croyez-vous, dit Candide, que les hommes se soient toujours mutuellement massacrés comme ils font aujourd'hui ? qu'ils aient toujours été menteurs, fourbes, perfides, ingrats, brigands, faibles, volages, lâches, envieux, gourmands, ivrognes, avares, ambitieux, sanguinaires, calomniateurs, débauchés, fanatiques, hypocrites et sots ? — Croyez-vous, dit Martin, que les éperviers aient toujours mangé des pigeons quand ils en ont trouvé ? — Oui, sans doute,

1. Voltaire vise sans doute l'*Histoire des navigations* du président de Brosses (1756), ou la *Théorie de la terre* de Buffon (1749) : deux ouvrages qui soutiennent l'idée que la mer recouvrait primitivement la surface du globe.

dit Candide. — Eh bien! dit Martin, si les éperviers ont toujours eu le même caractère, pourquoi voulez-vous que les hommes aient changé le leur? — Oh! dit Candide, il y a bien de la différence, car le libre arbitre...» En raisonnant ainsi, ils arrivèrent à Bordeaux.

CHAPITRE VINGT-DEUXIÈME

Ce qui arriva en France à Candide et à Martin

Candide ne s'arrêta dans Bordeaux qu'autant de temps qu'il en fallait pour vendre quelques cailloux du Dorado, et pour s'accommoder d'une bonne chaise[1] à deux places; car il ne pouvait plus se passer de son philosophe Martin. Il fut seulement très fâché de se séparer de son mouton, qu'il laissa à l'Académie des sciences de Bordeaux, laquelle proposa pour le sujet du prix de cette année de trouver pourquoi la laine de ce mouton était rouge; et le prix fut adjugé à un savant du Nord, qui démontra par A plus B, moins C, divisé par Z, que le mouton devait être rouge, et mourir de la clavelée[2].

Cependant tous les voyageurs que Candide rencontra dans les cabarets de la route lui disaient : «Nous allons à Paris.» Cet empressement général lui

1. On désignait ainsi une voiture de voyage.
2. Maladie virale chez les moutons.

donna enfin l'envie de voir cette capitale ; ce n'était
pas beaucoup se détourner du chemin de Venise.

Il entra par le faubourg Saint-Marceau [1], et crut
être dans le plus vilain village de la Westphalie.

À peine Candide fut-il dans son auberge qu'il fut
attaqué d'une maladie légère causée par ses fatigues.
Comme il avait au doigt un diamant énorme, et qu'on
avait aperçu dans son équipage une cassette prodi-
gieusement pesante, il eut aussitôt auprès de lui deux
médecins qu'il n'avait pas mandés, quelques amis
intimes qui ne le quittèrent pas, et deux dévotes qui
faisaient chauffer ses bouillons. Martin disait : « Je me
souviens d'avoir été malade aussi à Paris dans mon
premier voyage ; j'étais fort pauvre : aussi n'eus-je ni
amis, ni dévotes, ni médecins, et je guéris. »

Cependant, à force de médecines et de saignées, la
maladie de Candide devint sérieuse. Un habitué [2] du
quartier vint avec douceur lui demander un billet
payable au porteur pour l'autre monde [3], Candide
n'en voulut rien faire. Les dévotes l'assurèrent que
c'était une nouvelle mode ; Candide répondit qu'il
n'était point homme à la mode. Martin voulut jeter
l'habitué par les fenêtres. Le clerc jura qu'on n'en-
terrerait point Candide. Martin jura qu'il enterrerait
le clerc s'il continuait à les importuner. La querelle
s'échauffa ; Martin le prit par les épaules et le chassa

1. Entrée sud de Paris, réputée pour sa saleté.
2. On désignait par là un prêtre rattaché à une paroisse dont il
n'était pas titulaire.
3. Allusion transparente à l'attitude du clergé : elle exigeait
des marques d'orthodoxie à l'encontre des personnes soupçon-
nées de jansénisme pour leur accorder une sépulture religieuse.

rudement; ce qui causa un grand scandale, dont on fit un procès-verbal.

Candide guérit; et pendant sa convalescence il eut très bonne compagnie à souper chez lui. On jouait gros jeu. Candide était tout étonné que jamais les as ne lui vinssent; et Martin ne s'en étonnait pas.

Parmi ceux qui lui faisaient les honneurs de la ville, il y avait un petit abbé périgourdin, l'un de ces gens empressés, toujours alertes, toujours serviables, effrontés, caressants, accommodants, qui guettent les étrangers à leur passage, leur content l'histoire scandaleuse de la ville, et leur offrent des plaisirs à tout prix. Celui-ci mena d'abord Candide et Martin à la comédie[1]. On y jouait une tragédie nouvelle. Candide se trouva placé auprès de quelques beaux esprits. Cela ne l'empêcha pas de pleurer à des scènes jouées parfaitement. Un des raisonneurs qui étaient à ses côtés lui dit dans un entracte : « Vous avez grand tort de pleurer : cette actrice est fort mauvaise; l'acteur qui joue avec elle est plus mauvais acteur encore; la pièce est encore plus mauvaise que les acteurs; l'auteur ne sait pas un mot d'arabe, et cependant la scène est en Arabie; et, de plus, c'est un homme qui ne croit pas aux idées innées[2] : je vous apporterai demain vingt brochures contre lui. — Monsieur, combien avez-vous de pièces de théâtre en France ? » dit Candide à l'abbé; lequel répondit : « Cinq ou six mille. — C'est beaucoup, dit Candide;

1. Au sens général de « théâtre ».
2. Les idées innées désignent la doctrine de Descartes : Voltaire lui-même l'a combattue, en bon disciple de Locke.

combien y en a-t-il de bonnes? — Quinze ou seize, répliqua l'autre. — C'est beaucoup», dit Martin.

Candide fut très content d'une actrice qui faisait la reine Élisabeth dans une assez plate tragédie[1] que l'on joue quelquefois. «Cette actrice, dit-il à Martin, me plaît beaucoup; elle a un faux air de Mlle Cunégonde; je serais bien aise de la saluer.» L'abbé périgourdin s'offrit à l'introduire chez elle. Candide, élevé en Allemagne, demanda quelle était l'étiquette, et comment on traitait en France les reines d'Angleterre. «Il faut distinguer, dit l'abbé; en province, on les mène au cabaret; à Paris, on les respecte quand elles sont belles, et on les jette à la voirie quand elles sont mortes. — Des reines à la voirie! dit Candide. — Oui vraiment, dit Martin; monsieur l'abbé a raison : j'étais à Paris quand Mlle Monime[2] passa, comme on dit, de cette vie à l'autre; on lui refusa ce que ces gens-ci appellent *les honneurs de la sépulture*, c'est-à-dire de pourrir avec tous les gueux du quartier dans un vilain cimetière; elle fut enterrée toute seule de sa bande au coin de la rue de Bourgogne; ce qui dut lui faire une peine extrême, car elle pensait très noblement. — Cela est bien impoli, dit Candide. — Que voulez-vous? dit Martin; ces gens-ci sont ainsi faits. Imaginez toutes les contradictions, toutes les incompatibilités possibles, vous les verrez

1. On peut y voir une allusion au *Comte d'Essex* de Thomas Corneille (1678).
2. Le personnage est visiblement inspiré d'Adrienne Lecouvreur (1692-1730), jetée elle aussi à la voirie. Voltaire, qui l'admirait, écrira sous le coup de l'émotion *La mort de Mlle Lecouvreur* (1730).

dans le gouvernement, dans les tribunaux, dans les églises, dans les spectacles de cette drôle de nation. — Est-il vrai qu'on rit toujours à Paris ? dit Candide. — Oui, dit l'abbé, mais c'est en enrageant ; car on s'y plaint de tout avec de grands éclats de rire ; et même on y fait en riant les actions les plus détestables.

— Quel est, dit Candide, ce gros cochon qui me disait tant de mal de la pièce où j'ai tant pleuré et des acteurs qui m'ont fait tant de plaisir ? — C'est un mal vivant, répondit l'abbé, qui gagne sa vie à dire du mal de toutes les pièces et de tous les livres ; il hait quiconque réussit, comme les eunuques haïssent les jouissants : c'est un de ces serpents de la littérature qui se nourrissent de fange et de venin ; c'est un folliculaire [1]. — Qu'appelez-vous folliculaire ? dit Candide. — C'est, dit l'abbé, un faiseur de feuilles, un *Fréron.* »

C'est ainsi que Candide, Martin et le Périgourdin raisonnaient sur l'escalier, en voyant défiler le monde au sortir de la pièce. « Quoique je sois très empressé de revoir Mlle Cunégonde, dit Candide, je voudrais pourtant souper avec Mlle Clairon [2] ; car elle m'a paru admirable. »

L'abbé n'était pas homme à approcher de Mlle Clairon, qui ne voyait que bonne compagnie. « Elle est engagée pour ce soir, dit-il ; mais j'aurai l'honneur de

1. Expression dénigrante, créée par Voltaire, pour désigner la « canaille » journalistique. Il y place, au premier chef, Fréron, ennemis des Encyclopédistes.
2. Actrice célèbre. Elle s'illustra notamment dans *Tancrède*, tragédie de Voltaire (1760).

vous mener chez une dame de qualité, et là vous connaîtrez Paris comme si vous y aviez été quatre ans. »

Candide, qui était naturellement curieux, se laissa mener chez la dame, au fond du faubourg Saint-Honoré ; on y était occupé d'un pharaon[1] ; douze tristes pontes tenaient chacun en main un petit livre de cartes, registre cornu de leurs infortunes. Un profond silence régnait, la pâleur était sur le front des pontes, l'inquiétude sur celui du banquier, et la dame du logis, assise auprès de ce banquier impitoyable, remarquait avec des yeux de lynx tous les parolis, tous les sept-et-le-va de campagne, dont chaque joueur cornait ses cartes ; elle les faisait décorner avec une attention sévère mais polie, et ne se fâchait point, de peur de perdre ses pratiques : la dame se faisait appeler la marquise de Parolignac. Sa fille, âgée de quinze ans, était au nombre des pontes et avertissait d'un clin d'œil des friponneries de ces pauvres gens, qui tâchaient de réparer les cruautés du sort. L'abbé périgourdin, Candide et Martin entrèrent ; personne ne se leva, ni les salua, ni les regarda ; tous étaient profondément occupés de leurs cartes. « Madame la baronne de Thunder-ten-tronckh était plus civile », dit Candide.

Cependant l'abbé s'approcha de l'oreille de la marquise, qui se leva à moitié, honora Candide d'un sourire gracieux, et Martin d'un air de tête tout à fait noble ; elle fit donner un siège et un jeu de cartes à

1. Jeu de cartes et de hasard, proche du baccara. Le banquier, les pontes, les parolis, le sept-et-le-va ou encore, au paragraphe suivant, les tailles, désignent des joueurs ou des pratiques de jeu.

Candide, qui perdit cinquante mille francs en deux tailles; après quoi on soupa très gaiement, et tout le monde était étonné que Candide ne fût pas ému de sa perte; les laquais disaient entre eux, dans leur langage de laquais : «Il faut que ce soit quelque milord anglais.»

Le souper fut comme la plupart des soupers de Paris : d'abord du silence, ensuite un bruit de paroles qu'on ne distingue point, puis des plaisanteries dont la plupart sont insipides, de fausses nouvelles, de mauvais raisonnements, un peu de politique et beaucoup de médisance; on parla même de livres nouveaux. «Avez-vous lu, dit l'abbé périgourdin, le roman du sieur Gauchat, docteur en théologie[1]? — Oui, répondit un des convives, mais je n'ai pu l'achever. Nous avons une foule d'écrits impertinents, mais tous ensemble n'approchent pas de l'impertinence de Gauchat, docteur en théologie; je suis si rassasié de cette immensité de détestables livres qui nous inondent que je me suis mis à ponter au pharaon. — Et les *Mélanges* de l'archidiacre T...[2], qu'en dites-vous? dit l'abbé. — Ah! dit Mme de Parolignac, l'ennuyeux mortel! comme il vous dit curieusement tout ce que le monde sait! comme il discute pesamment ce qui ne vaut pas la peine d'être remarqué légèrement! comme il s'approprie sans esprit l'esprit des autres! comme il gâte ce qu'il pille! comme il me dégoûte! Mais il ne me dégoûtera plus : c'est assez d'avoir lu quelques pages de l'archidiacre.»

1. Ennemi des Encyclopédistes et de Voltaire en particulier.
2. Voltaire vise ici un autre de ses ennemis, l'abbé Trublet (1677-1770).

Il y avait à table un homme savant et de goût qui appuya ce que disait la marquise. On parla ensuite de tragédies; la dame demanda pourquoi il y avait des tragédies qu'on jouait quelquefois, et qu'on ne pouvait lire. L'homme de goût expliqua très bien comment une pièce pouvait avoir quelque intérêt et n'avoir presque aucun mérite; il prouva en peu de mots que ce n'était pas assez d'amener une ou deux de ces situations qu'on trouve dans tous les romans, et qui séduisent toujours les spectateurs, mais qu'il faut être neuf sans être bizarre, souvent sublime, et toujours naturel; connaître le cœur humain et le faire parler; être grand poète sans que jamais aucun personnage de la pièce paraisse poète; savoir parfaitement sa langue, la parler avec pureté, avec une harmonie continue, sans que jamais la rime coûte rien au sens. « Quiconque, ajouta-t-il, n'observe pas toutes ces règles peut faire une ou deux tragédies applaudies au théâtre, mais il ne sera jamais compté au rang des bons écrivains; il y a très peu de bonnes tragédies; les unes sont des idylles en dialogues bien écrits et bien rimés; les autres, des raisonnements politiques qui endorment, ou des amplifications qui rebutent; les autres, des rêves d'énergumène, en style barbare, des propos interrompus, de longues apostrophes aux dieux, parce qu'on ne sait point parler aux hommes, des maximes fausses, des lieux communs ampoulés [1]. »

Candide écouta ce propos avec attention, et

1. Manifestement, dans ce développement n'apparaissant qu'à la seconde édition de *Candide* (1761), Voltaire répond aux critiques soulevées par sa tragédie *Tancrède* (1760).

conçut une grande idée du discoureur ; et, comme la marquise avait eu soin de le placer à côté d'elle, il s'approcha de son oreille, et prit la liberté de lui demander qui était cet homme qui parlait si bien. « C'est un savant, dit la dame, qui ne ponte point, et que l'abbé m'amène quelquefois à souper ; il se connaît parfaitement en tragédies et en livres, et il a fait une tragédie sifflée et un livre dont on n'a jamais vu hors de la boutique de son libraire qu'un exemplaire qu'il m'a dédié. — Le grand homme ! dit Candide ; c'est un autre Pangloss. »

Alors, se tournant vers lui, il lui dit : « Monsieur, vous pensez sans doute que tout est au mieux dans le monde physique et dans le moral, et que rien ne pouvait être autrement ? — Moi, monsieur, lui répondit le savant, je ne pense rien de tout cela : je trouve que tout va de travers chez nous ; que personne ne sait ni quel est son rang, ni quelle est sa charge, ni ce qu'il fait, ni ce qu'il doit faire, et qu'excepté le souper, qui est assez gai et où il paraît assez d'union, tout le reste du temps se passe en querelles impertinentes : jansénistes contre molinistes [1], gens du parlement contre gens d'église, gens de lettres contre gens de lettres, courtisans contre courtisans, financiers contre le peuple, femmes contre maris, parents contre parents ; c'est une guerre éternelle. »

Candide lui répliqua : « J'ai vu pis. Mais un sage, qui depuis a eu le malheur d'être pendu, m'apprit que tout cela est à merveille ; ce sont des ombres à un beau tableau. — Votre pendu se moquait du monde,

1. Autre manière de désigner les jésuites.

dit Martin; vos ombres sont des taches horribles. — Ce sont les hommes qui font les taches, dit Candide, et ils ne peuvent pas s'en dispenser. — Ce n'est donc pas leur faute», dit Martin. La plupart des pontes, qui n'entendaient rien à ce langage, buvaient; et Martin raisonna avec le savant, et Candide raconta une partie de ses aventures à la dame du logis.

Après soupé, la marquise mena Candide dans son cabinet et le fit asseoir sur un canapé. «Eh bien! lui dit-elle, vous aimez donc toujours éperdument Mlle Cunégonde de Thunder-ten-tronckh? — Oui, madame», répondit Candide. La marquise lui répliqua avec un souris [1] tendre : «Vous me répondez comme un jeune homme de Westphalie; un Français m'aurait dit : "Il est vrai que j'ai aimé Mlle Cunégonde; mais en vous voyant, madame, je crains de ne la plus aimer." — Hélas! madame, dit Candide, je répondrai comme vous voudrez. — Votre passion pour elle, dit la marquise, a commencé en ramassant son mouchoir; je veux que vous ramassiez ma jarretière. — De tout mon cœur», dit Candide; et il la ramassa. «Mais je veux que vous me la remettiez», dit la dame; et Candide la lui remit. «Voyez-vous, dit la dame, vous êtes étranger, je fais quelquefois languir mes amants de Paris quinze jours, mais je me rends à vous dès la première nuit, parce qu'il faut faire les honneurs de son pays à un jeune homme de Westphalie.» La belle, ayant aperçu deux énormes diamants aux deux mains de son jeune étranger, les loua de si

1. Sourire.

bonne foi que des doigts de Candide ils passèrent aux doigts de la marquise.

Candide, en s'en retournant avec son abbé périgourdin, sentit quelques remords d'avoir fait une infidélité à Mlle Cunégonde ; monsieur l'abbé entra dans sa peine ; il n'avait qu'une légère part aux cinquante mille livres perdues au jeu par Candide, et à la valeur des deux brillants moitié donnés, moitié extorqués. Son dessein était de profiter, autant qu'il le pourrait, des avantages que la connaissance de Candide pouvait lui procurer. Il lui parla beaucoup de Cunégonde ; et Candide lui dit qu'il demanderait bien pardon à cette belle de son infidélité, quand il la verrait à Venise.

Le Périgourdin redoublait de politesse et d'attentions, et prenait un intérêt tendre à tout ce que Candide disait, à tout ce qu'il faisait, à tout ce qu'il voulait faire.

« Vous avez donc, monsieur, lui dit-il, un rendez-vous à Venise ? — Oui, monsieur l'abbé, dit Candide ; il faut absolument que j'aille trouver Mlle Cunégonde. » Alors, engagé par le plaisir de parler de ce qu'il aimait, il conta, selon son usage, une partie de ses aventures avec cette illustre Westphalienne.

« Je crois, dit l'abbé, que Mlle Cunégonde a bien de l'esprit, et qu'elle écrit des lettres charmantes ? — Je n'en ai jamais reçu, dit Candide ; car figurez-vous qu'ayant été chassé du château pour l'amour d'elle, je ne pus lui écrire ; que bientôt après j'appris qu'elle était morte, qu'ensuite je la retrouvai, et que je la perdis, et que je lui ai envoyé à deux mille

cinq cents lieues d'ici un exprès¹ dont j'attends la
réponse. »

L'abbé écoutait attentivement, et paraissait un peu
rêveur. Il prit bientôt congé des deux étrangers, après
les avoir tendrement embrassés. Le lendemain Candide
reçut à son réveil une lettre conçue en ces termes :

*Monsieur, mon très cher amant, il y a huit jours que je
suis malade en cette ville ; j'apprends que vous y êtes. Je
volerais dans vos bras si je pouvais remuer. J'ai su votre
passage à Bordeaux ; j'y ai laissé le fidèle Cacambo et la
vieille, qui doivent bientôt me suivre. Le gouverneur de
Buenos-Ayres a tout pris, mais il me reste votre cœur.
Venez, votre présence me rendra la vie, ou me fera mou-
rir de plaisir.*

Cette lettre charmante, cette lettre inespérée,
transporta Candide d'une joie inexprimable ; et la
maladie de sa chère Cunégonde l'accabla de douleur.
Partagé entre ces deux sentiments, il prend son or et
ses diamants, et se fait conduire avec Martin à l'hôtel
où Mlle Cunégonde demeurait. Il entre en tremblant
d'émotion, son cœur palpite, sa voix sanglote ; il veut
ouvrir les rideaux du lit, il veut faire apporter de la
lumière. « Gardez-vous-en bien, lui dit la suivante, la
lumière la tue » ; et soudain elle referme le rideau.
« Ma chère Cunégonde, dit Candide en pleurant,
comment vous portez-vous ? si vous ne pouvez me
voir, parlez-moi du moins. — Elle ne peut parler », dit
la suivante. La dame alors tire du lit une main pote-

1. Un courrier délivré par messager.

lée que Candide arrose longtemps de ses larmes, et qu'il remplit ensuite de diamants, en laissant un sac plein d'or sur le fauteuil.

Au milieu de ses transports arrive un exempt[1] suivi de l'abbé périgourdin et d'une escouade. « Voilà donc, dit-il, ces deux étrangers suspects ? » Il les fait incontinent saisir, et ordonne à ses braves de les traîner en prison. « Ce n'est pas ainsi qu'on traite les voyageurs dans le Dorado, dit Candide. — Je suis plus manichéen que jamais, dit Martin. — Mais, monsieur, où nous menez-vous ? dit Candide. — Dans un cul de basse-fosse[2] », dit l'exempt.

Martin, ayant repris son sang-froid, jugea que la dame qui se prétendait Cunégonde était une friponne, monsieur l'abbé périgourdin un fripon qui avait abusé au plus vite de l'innocence de Candide, et l'exempt un autre fripon dont on pouvait aisément se débarrasser.

Plutôt que de s'exposer aux procédures de la justice, Candide, éclairé par son conseil, et d'ailleurs toujours impatient de revoir la véritable Cunégonde, propose à l'exempt trois petits diamants d'environ trois mille pistoles chacun. « Ah ! monsieur, lui dit l'homme au bâton d'ivoire, eussiez-vous commis tous les crimes imaginables, vous êtes le plus honnête homme du monde ; trois diamants ! chacun de trois mille pistoles ! Monsieur ! je me ferais tuer pour vous, au lieu de vous mener dans un cachot. On arrête tous les étrangers, mais laissez-moi faire ; j'ai un frère à

1. Un officier de police.
2. Un cachot souterrain.

Dieppe en Normandie, je vais vous y mener ; et si vous avez quelque diamant à lui donner, il aura soin de vous comme moi-même.

— Et pourquoi arrête-t-on tous les étrangers ? » dit Candide. L'abbé périgourdin prit alors la parole et dit : « C'est parce qu'un gueux du pays d'Atrébatie a entendu dire des sottises¹ : cela seul lui a fait commettre un parricide, non pas tel que celui de 1610 au mois de mai, mais tel que celui de 1594 au mois de décembre, et tel que plusieurs autres commis dans d'autres années et dans d'autres mois par d'autres gueux qui avaient entendu dire des sottises. »

L'exempt alors expliqua de quoi il s'agissait. « Ah, les monstres ! s'écria Candide ; quoi ! de telles horreurs chez un peuple qui danse et qui chante ! Ne pourrai-je sortir au plus vite de ce pays où des singes agacent des tigres ? J'ai vu des ours dans mon pays ; je n'ai vu des hommes que dans le Dorado. Au nom de Dieu, monsieur l'exempt, menez-moi à Venise, où je dois attendre Mlle Cunégonde. — Je ne peux vous mener qu'en Basse-Normandie », dit le barigel². Aussitôt il lui fait ôter ses fers, dit qu'il s'est mépris, renvoie ses gens et emmène à Dieppe Candide et Martin, et les laisse entre les mains de son frère. Il y avait un petit vaisseau hollandais à la rade. Le Normand, à l'aide de trois autres diamants, devenu le plus serviable des hommes, embarque Candide et ses gens dans le vaisseau qui allait faire voile pour Portsmouth

1. Allusion à l'attentat de Damiens (qui vient d'Arras, en Artois, d'où le terme d'Atrébatie) sur Louis XV.
2. Chef de police.

en Angleterre. Ce n'était pas le chemin de Venise ; mais Candide croyait être délivré de l'enfer, et il comptait bien reprendre la route de Venise à la première occasion.

CHAPITRE VINGT-TROISIÈME

Candide et Martin
vont sur les côtes d'Angleterre ;
ce qu'ils y voient

« Ah, Pangloss ! Pangloss ! Ah, Martin ! Martin ! Ah, ma chère Cunégonde ! qu'est-ce que ce monde-ci ? disait Candide sur le vaisseau hollandais. — Quelque chose de bien fou et de bien abominable, répondait Martin. — Vous connaissez l'Angleterre ; y est-on aussi fou qu'en France ? — C'est une autre espèce de folie, dit Martin. Vous savez que ces deux nations sont en guerre pour quelques arpents de neige vers le Canada, et qu'elles dépensent pour cette belle guerre beaucoup plus que tout le Canada ne vaut. De vous dire précisément s'il y a plus de gens à lier dans un pays que dans un autre, c'est ce que mes faibles lumières ne me permettent pas. Je sais seulement qu'en général les gens que nous allons voir sont fort atrabilaires [1]. »

En causant ainsi ils abordèrent à Portsmouth ; une

1. Littéralement, « rempli de bile noire », c'est-à-dire colérique, triste et misanthrope.

multitude de peuple couvrait le rivage, et regardait attentivement un assez gros homme qui était à genoux, les yeux bandés, sur le tillac d'un des vaisseaux de la flotte; quatre soldats, postés vis-à-vis de cet homme, lui tirèrent chacun trois balles dans le crâne le plus paisiblement du monde, et toute l'assemblée s'en retourna extrêmement satisfaite. « Qu'est-ce donc que tout ceci ? dit Candide, et quel démon exerce partout son empire ? » Il demanda qui était ce gros homme qu'on venait de tuer en cérémonie. « C'est un amiral [1], lui répondit-on. — Et pourquoi tuer cet amiral ? — C'est, lui dit-on, parce qu'il n'a pas fait tuer assez de monde; il a livré un combat à un amiral français, et on a trouvé qu'il n'était pas assez près de lui. — Mais, dit Candide, l'amiral français était aussi loin de l'amiral anglais que celui-ci l'était de l'autre ! — Cela est incontestable, lui répliqua-t-on; mais dans ce pays-ci il est bon de tuer de temps en temps un amiral pour encourager les autres. »

Candide fut si étourdi et si choqué de ce qu'il voyait, et de ce qu'il entendait, qu'il ne voulut pas seulement mettre pied à terre, et qu'il fit son marché avec le patron hollandais (dût-il le voler comme celui de Surinam) pour le conduire sans délai à Venise.

Le patron fut prêt au bout de deux jours. On côtoya la France; on passa à la vue de Lisbonne, et Candide frémit. On entra dans le détroit et dans la Méditerranée; enfin on aborda à Venise. « Dieu soit

1. Allusion à John Byng, condamné et exécuté en 1757, pour manque de combativité contre les Français.

loué ! dit Candide en embrassant Martin ; c'est ici que je reverrai la belle Cunégonde. Je compte sur Cacambo comme sur moi-même. Tout est bien, tout va bien, tout va le mieux qu'il soit possible. »

CHAPITRE VINGT-QUATRIÈME

De Paquette et de frère Giroflée

Dès qu'il fut à Venise, il fit chercher Cacambo dans tous les cabarets, dans tous les cafés, chez toutes les filles de joie, et ne le trouva point. Il envoyait tous les jours à la découverte de tous les vaisseaux et de toutes les barques : nulles nouvelles de Cacambo. « Quoi ! disait-il à Martin, j'ai eu le temps de passer de Surinam à Bordeaux, d'aller de Bordeaux à Paris, de Paris à Dieppe, de Dieppe à Portsmouth, de côtoyer le Portugal et l'Espagne, de traverser toute la Méditerranée, de passer quelques mois à Venise, et la belle Cunégonde n'est point venue ! Je n'ai rencontré au lieu d'elle qu'une drôlesse et un abbé périgourdin ! Cunégonde est morte sans doute, je n'ai plus qu'à mourir. Ah ! il valait mieux rester dans le paradis du Dorado que de revenir dans cette maudite Europe. Que vous avez raison, mon cher Martin ! tout n'est qu'illusion et calamité. »

Il tomba dans une mélancolie noire, et ne prit aucune part à l'opéra *alla moda* ni aux autres divertissements du carnaval ; pas une dame ne lui donna la moindre tentation. Martin lui dit : « Vous êtes bien

simple, en vérité, de vous figurer qu'un valet métis, qui a cinq ou six millions dans ses poches, ira chercher votre maîtresse au bout du monde et vous l'amènera à Venise. Il la prendra pour lui, s'il la trouve. S'il ne la trouve pas, il en prendra une autre ; je vous conseille d'oublier votre valet Cacambo et votre maîtresse Cunégonde. » Martin n'était pas consolant. La mélancolie de Candide augmenta, et Martin ne cessait de lui prouver qu'il y avait peu de vertu et peu de bonheur sur la terre, excepté peut-être dans Eldorado, où personne ne pouvait aller.

En disputant sur cette matière importante, et en attendant Cunégonde, Candide aperçut un jeune théatin [1] dans la place Saint-Marc, qui tenait sous le bras une fille. Le théatin paraissait frais, potelé, vigoureux ; ses yeux étaient brillants, son air assuré, sa mine haute, sa démarche fière. La fille était très jolie et chantait ; elle regardait amoureusement son théatin, et de temps en temps lui pinçait ses grosses joues. « Vous m'avouerez du moins, dit Candide à Martin, que ces gens-ci sont heureux. Je n'ai trouvé jusqu'à présent dans toute la terre habitable, excepté dans Eldorado, que des infortunés ; mais, pour cette fille et ce théatin, je gage que ce sont des créatures très heureuses. — Je gage que non, dit Martin. — Il n'y a qu'à les prier à dîner, dit Candide, et vous verrez si je me trompe. »

Aussitôt il les aborde, il leur fait son compliment, et les invite à venir à son hôtellerie manger des maca-

1. Moine de l'ordre des théatins, fondé en Italie au XVIe siècle.

ronis, des perdrix de Lombardie, des œufs d'estur-
geon, et à boire du vin de Montepulciano, du lacrima-
christi, du chypre et du samos. La demoiselle rougit,
le théatin accepta la partie, et la fille le suivit en regar-
dant Candide avec des yeux de surprise et de confu-
sion qui furent obscurcis de quelques larmes. À peine
fut-elle entrée dans la chambre de Candide qu'elle lui
dit : « Eh quoi ! monsieur Candide ne reconnaît plus
Paquette ! » À ces mots, Candide, qui ne l'avait pas
considérée jusque-là avec attention, parce qu'il n'était
occupé que de Cunégonde, lui dit : « Hélas ! ma
pauvre enfant, c'est donc vous qui avez mis le doc-
teur Pangloss dans le bel état où je l'ai vu ?

— Hélas ! monsieur, c'est moi-même, dit Paquette ;
je vois que vous êtes instruit de tout. J'ai su les mal-
heurs épouvantables arrivés à toute la maison de
madame la baronne et à la belle Cunégonde. Je vous
jure que ma destinée n'a guère été moins triste. J'étais
fort innocente quand vous m'avez vue. Un cordelier
qui était mon confesseur me séduisit aisément. Les
suites en furent affreuses ; je fus obligée de sortir du
château quelque temps après que monsieur le baron
vous eut renvoyé à grands coups de pied dans le der-
rière. Si un fameux médecin n'avait pas pris pitié de
moi, j'étais morte. Je fus quelque temps par recon-
naissance la maîtresse de ce médecin. Sa femme, qui
était jalouse à la rage, me battait tous les jours impi-
toyablement ; c'était une furie. Ce médecin était le
plus laid de tous les hommes, et moi la plus malheu-
reuse de toutes les créatures d'être battue conti-
nuellement pour un homme que je n'aimais pas. Vous
savez, monsieur, combien il est dangereux pour une

femme acariâtre d'être l'épouse d'un médecin. Celui-ci, outré des procédés de sa femme, lui donna un jour, pour la guérir d'un petit rhume, une médecine si efficace qu'elle en mourut en deux heures de temps dans des convulsions horribles. Les parents de madame intentèrent à monsieur un procès criminel ; il prit la fuite, et moi je fus mise en prison. Mon innocence ne m'aurait pas sauvée si je n'avais été un peu jolie. Le juge m'élargit[1] à condition qu'il succéderait au médecin. Je fus bientôt supplantée par une rivale, chassée sans récompense, et obligée de continuer ce métier abominable qui vous paraît si plaisant à vous autres hommes, et qui n'est pour nous qu'un abîme de misères. J'allai exercer la profession à Venise. Ah ! monsieur, si vous pouviez vous imaginer ce que c'est que d'être obligée de caresser indifféremment un vieux marchand, un avocat, un moine, un gondolier, un abbé ; d'être exposée à toutes les insultes, à toutes les avanies ; d'être souvent réduite à emprunter une jupe pour aller se la faire lever par un homme dégoûtant ; d'être volée par l'un de ce qu'on a gagné avec l'autre ; d'être rançonnée par les officiers de justice, et de n'avoir en perspective qu'une vieillesse affreuse, un hôpital et un fumier, vous concluriez que je suis une des plus malheureuses créatures du monde. »

Paquette ouvrait ainsi son cœur au bon Candide, dans un cabinet, en présence de Martin, qui disait à Candide : « Vous voyez que j'ai déjà gagné la moitié de la gageure. »

Frère Giroflée était resté dans la salle à manger, et

1. Le juge me libéra.

buvait un coup en attendant le dîner. «Mais, dit Candide à Paquette, vous aviez l'air si gai, si content, quand je vous ai rencontrée; vous chantiez, vous caressiez le théatin avec une complaisance naturelle; vous m'avez paru aussi heureuse que vous prétendez être infortunée. — Ah! monsieur, répondit Paquette, c'est encore là une des misères du métier. J'ai été hier volée et battue par un officier, et il faut aujourd'hui que je paraisse de bonne humeur pour plaire à un moine.»

Candide n'en voulut pas davantage; il avoua que Martin avait raison. On se mit à table avec Paquette et le théatin, le repas fut assez amusant, et sur la fin on se parla avec quelque confiance. «Mon Père, dit Candide au moine, vous me paraissez jouir d'une destinée que tout le monde doit envier; la fleur de la santé brille sur votre visage, votre physionomie annonce le bonheur; vous avez une très jolie fille pour votre récréation, et vous paraissez très content de votre état de théatin.

— Ma foi, monsieur, dit frère Giroflée, je voudrais que tous les théatins fussent au fond de la mer. J'ai été tenté cent fois de mettre le feu au couvent, et d'aller me faire turc. Mes parents me forcèrent à l'âge de quinze ans d'endosser cette détestable robe, pour laisser plus de fortune à un maudit frère aîné que Dieu confonde! La jalousie, la discorde, la rage, habitent dans le couvent. Il est vrai que j'ai prêché quelques mauvais sermons qui m'ont valu un peu d'argent, dont le prieur me vole la moitié : le reste me sert à entretenir des filles; mais, quand je rentre le soir dans le monastère, je suis près de me casser la tête contre

les murs du dortoir; et tous mes confrères sont dans le même cas. »

Martin se tournant vers Candide avec son sang-froid ordinaire : « Eh bien! lui dit-il, n'ai-je pas gagné la gageure tout entière? » Candide donna deux mille piastres à Paquette et mille piastres à frère Giroflée. « Je vous réponds, dit-il, qu'avec cela ils seront heureux. — Je n'en crois rien du tout, dit Martin; vous les rendrez peut-être avec ces piastres beaucoup plus malheureux encore. — Il en sera ce qui pourra, dit Candide; mais une chose me console, je vois qu'on retrouve souvent les gens qu'on ne croyait jamais retrouver; il se pourra bien faire qu'ayant rencontré mon mouton rouge et Paquette, je rencontre aussi Cunégonde. — Je souhaite, dit Martin, qu'elle fasse un jour votre bonheur; mais c'est de quoi je doute fort. — Vous êtes bien dur, dit Candide. — C'est que j'ai vécu, dit Martin.

— Mais regardez ces gondoliers, dit Candide; ne chantent-ils pas sans cesse? — Vous ne les voyez pas dans leur ménage, avec leurs femmes et leurs marmots d'enfants, dit Martin. Le doge a ses chagrins, les gondoliers ont les leurs. Il est vrai qu'à tout prendre le sort d'un gondolier est préférable à celui d'un doge; mais je crois la différence si médiocre que cela ne vaut pas la peine d'être examiné.

— On parle, dit Candide, du sénateur Pococuranté[1] qui demeure dans ce beau palais sur la Brenta,

1. Nom de fantaisie signifiant « peu soucieux des choses » : c'est le type du dilettante blasé, posture à laquelle Voltaire se laisse aller parfois.

et qui reçoit assez bien les étrangers. On prétend que c'est un homme qui n'a jamais eu de chagrin. — Je voudrais voir une espèce si rare», dit Martin. Candide aussitôt fit demander au seigneur Pococuranté la permission de venir le voir le lendemain.

CHAPITRE VINGT-CINQUIÈME

Visite chez le Seigneur Pococuranté, noble vénitien

Candide et Martin allèrent en gondole sur la Brenta et arrivèrent au palais du noble Pococuranté. Les jardins étaient bien entendus[1], et ornés de belles statues de marbre; le palais, d'une belle architecture. Le maître du logis, homme de soixante ans, fort riche, reçut très poliment les deux curieux, mais avec très peu d'empressement, ce qui déconcerta Candide et ne déplut point à Martin.

D'abord deux filles jolies et proprement mises servirent du chocolat qu'elles firent très bien mousser. Candide ne put s'empêcher de les louer sur leur beauté, sur leur bonne grâce et sur leur adresse. «Ce sont d'assez bonnes créatures, dit le sénateur Pococuranté; je les fais quelquefois coucher dans mon lit, car je suis bien las des dames de la ville, de leurs coquetteries, de leurs jalousies, de leurs querelles, de leurs humeurs, de leurs petitesses, de leur orgueil, de

1. Bien conçus et dessinés.

leurs sottises, et des sonnets qu'il faut faire ou commander pour elles; mais, après tout, ces deux filles commencent fort à m'ennuyer.»

Candide, après le déjeuner, se promenant dans une longue galerie, fut surpris de la beauté des tableaux. Il demanda de quel maître étaient les deux premiers. «Ils sont de Raphaël, dit le sénateur; je les achetai fort cher par vanité il y a quelques années; on dit que c'est ce qu'il y a de plus beau en Italie, mais ils ne me plaisent point du tout: la couleur en est très rembrunie; les figures ne sont pas assez arrondies, et ne sortent point assez; les draperies ne ressemblent en rien à une étoffe; en un mot, quoi qu'on en dise, je ne trouve point là une imitation vraie de la nature. Je n'aimerai un tableau que quand je croirai voir la nature elle-même: il n'y en a point de cette espèce. J'ai beaucoup de tableaux mais je ne les regarde plus.»

Pococuranté, en attendant le dîner, se fit donner un concerto. Candide trouva la musique délicieuse. «Ce bruit, dit Pococuranté, peut amuser une demiheure; mais, s'il dure plus longtemps, il fatigue tout le monde, quoique personne n'ose l'avouer. La musique aujourd'hui n'est plus que l'art d'exécuter des choses difficiles, et ce qui n'est que difficile ne plaît point à la longue.

«J'aimerais peut-être mieux l'opéra, si on n'avait pas trouvé le secret d'en faire un monstre qui me révolte. Ira voir qui voudra de mauvaises tragédies en musique, où les scènes ne sont faites que pour amener, très mal à propos, deux ou trois chansons ridicules qui font valoir le gosier d'une actrice; se pâmera de plaisir qui voudra, ou qui pourra, en voyant un châ-

tré fredonner le rôle de César et de Caton et se promener d'un air gauche sur des planches ; pour moi, il y a longtemps que j'ai renoncé à ces pauvretés, qui font aujourd'hui la gloire de l'Italie, et que des souverains payent si chèrement. » Candide disputa un peu, mais avec discrétion. Martin fut entièrement de l'avis du sénateur.

On se mit à table, et après un excellent dîner, on entra dans la bibliothèque. Candide, en voyant un Homère [1] magnifiquement relié, loua l'illustrissime sur son bon goût. « Voilà, dit-il, un livre qui faisait les délices du grand Pangloss, le meilleur philosophe de l'Allemagne. — Il ne fait pas les miennes, dit froidement Pococuranté ; on me fit accroire autrefois que j'avais du plaisir en le lisant ; mais cette répétition continuelle de combats qui se ressemblent tous, ces dieux qui agissent toujours pour ne rien faire de décisif, cette Hélène qui est le sujet de la guerre, et qui à peine est une actrice de la pièce ; cette Troie qu'on assiège et qu'on ne prend point, tout cela me causait le plus mortel ennui. J'ai demandé quelquefois à des savants s'ils s'ennuyaient autant que moi à cette lecture. Tous les gens sincères m'ont avoué que le livre leur tombait des mains, mais qu'il fallait toujours l'avoir dans sa bibliothèque, comme un monument de l'antiquité, et comme ces médailles rouillées qui ne peuvent être de commerce.

— Votre Excellence ne pense pas ainsi de Virgile ?

1. Les jugements qui suivent sur Homère, le Tasse et l'Arioste sont des quasi-citations de l'*Essai sur la poésie épique* (1733) de Voltaire lui-même.

dit Candide. — Je conviens, dit Pococuranté, que le second, le quatrième et le sixième livre de son *Énéide* sont excellents ; mais pour son pieux Énée, et le fort Cloanthe, et l'ami Achates, et le petit Ascanius, et l'imbécile roi Latinus, et la bourgeoise Amata, et l'insipide Lavinia, je ne crois pas qu'il y ait rien de si froid et de plus désagréable. J'aime mieux le Tasse et les contes à dormir debout de l'Arioste[1].

— Oserais-je vous demander, monsieur, dit Candide, si vous n'avez pas un grand plaisir à lire Horace ? — Il y a des maximes, dit Pococuranté, dont un homme du monde peut faire son profit, et qui, étant resserrées dans des vers énergiques, se gravent plus aisément dans la mémoire. Mais je me soucie fort peu de son voyage à Brindes, et de sa description d'un mauvais dîner, et de la querelle des crocheteurs entre je ne sais quel Pupilus, dont les paroles, dit-il, *étaient pleines de pus*, et un autre dont les paroles *étaient du vinaigre*. Je n'ai lu qu'avec un extrême dégoût ses vers grossiers contre des vieilles et contre des sorcières ; et je ne vois pas quel mérite il peut y avoir à dire à son ami Mæcenas que, s'il est mis par lui au rang des poètes lyriques, il frappera les astres de son front sublime. Les sots admirent tout dans un auteur estimé. Je ne lis que pour moi ; je n'aime que ce qui est à mon usage. » Candide, qui avait été élevé à ne jamais juger de rien par lui-même, était fort étonné de ce qu'il entendait ; et Martin trouvait la façon de penser de Pococuranté assez raisonnable.

1. L'Arioste et le Tasse sont deux auteurs italiens d'épopées en vers.

« Oh ! voici un Cicéron, dit Candide ; pour ce grand homme-là, je pense que vous ne vous lassez point de le lire ? — Je ne le lis jamais, répondit le Vénitien. Que m'importe qu'il ait plaidé pour Rabirius ou pour Cluentius ? J'ai bien assez des procès que je juge ; je me serais mieux accommodé de ses œuvres philosophiques ; mais, quand j'ai vu qu'il doutait de tout, j'ai conclu que j'en savais autant que lui, et que je n'avais besoin de personne pour être ignorant.

— Ah ! voilà quatre-vingts volumes de recueils d'une académie des sciences, s'écria Martin ; il se peut qu'il y ait là du bon. — Il y en aurait, dit Pococuranté, si un seul des auteurs de ces fatras avait inventé seulement l'art de faire des épingles ; mais il n'y a dans tous ces livres que de vains systèmes et pas une seule chose utile.

— Que de pièces de théâtre je vois là ! dit Candide ; en italien, en espagnol, en français ! — Oui, dit le sénateur, il y en a trois mille, et pas trois douzaines de bonnes. Pour ces recueils de sermons, qui tous ensemble ne valent pas une page de Sénèque, et tous ces gros volumes de théologie, vous pensez bien que je ne les ouvre jamais, ni moi ni personne. »

Martin aperçut des rayons chargés de livres anglais. « Je crois, dit-il, qu'un républicain doit se plaire à la plupart de ces ouvrages, écrits si librement. — Oui, répondit Pococuranté, il est beau d'écrire ce qu'on pense ; c'est le privilège de l'homme. Dans toute notre Italie, on n'écrit que ce qu'on ne pense pas ; ceux qui habitent la patrie des Césars et des Antonins n'osent avoir une idée sans la permission d'un

jacobin[1]. Je serais content de la liberté qui inspire les génies anglais si la passion et l'esprit de parti ne corrompaient pas tout ce que cette précieuse liberté a d'estimable. »

Candide, apercevant un Milton[2], lui demanda s'il ne regardait pas cet auteur comme un grand homme. « Qui ? dit Pococuranté, ce barbare qui fait un long commentaire du premier chapitre de la Genèse en dix livres de vers durs ? ce grossier imitateur des Grecs, qui défigure la création, et qui, tandis que Moïse représente l'Être éternel produisant le monde par la parole, fait prendre un grand compas par le Messiah dans une armoire du ciel pour tracer son ouvrage ? Moi, j'estimerais celui qui a gâté l'enfer et le diable du Tasse ; qui déguise Lucifer tantôt en crapaud, tantôt en pygmée ; qui lui fait rebattre cent fois les mêmes discours ; qui le fait disputer sur la théologie ; qui, en imitant sérieusement l'invention comique des armes à feu de l'Arioste, fait tirer le canon dans le ciel par les diables ? Ni moi, ni personne en Italie, n'a pu se plaire à toutes ces tristes extravagances. Le mariage du péché et de la mort et les couleuvres dont le péché accouche font vomir tout homme qui a le goût un peu délicat, et sa longue description d'un hôpital n'est bonne que pour un fossoyeur. Ce poème obscur, bizarre et dégoûtant, fut méprisé à sa naissance ; je le traite aujourd'hui comme il fut traité dans sa patrie par les contemporains. Au reste, je dis ce que je pense, et je me soucie fort peu

1. Religieux dominicain participant à l'Inquisition.
2. Poète anglais (1608-1674) que Voltaire apprécie peu.

que les autres pensent comme moi. » Candide était affligé de ces discours ; il respectait Homère, il aimait un peu Milton. « Hélas ! dit-il tout bas à Martin, j'ai bien peur que cet homme-ci n'ait un souverain mépris pour nos poètes allemands. — Il n'y aurait pas grand mal à cela, dit Martin. — Oh, quel homme supérieur ! disait encore Candide entre ses dents, quel grand génie que ce Pococuranté ! rien ne peut lui plaire. »

Après avoir fait ainsi la revue de tous les livres, ils descendirent dans le jardin. Candide en loua toutes les beautés. « Je ne sais rien de si mauvais goût, dit le maître : nous n'avons ici que des colifichots ; mais je vais dès demain en faire planter un d'un dessin plus noble. »

Quand les deux curieux eurent pris congé de Son Excellence : « Or çà, dit Candide à Martin, vous conviendrez que voilà le plus heureux de tous les hommes, car il est au-dessus de tout ce qu'il possède. — Ne voyez-vous pas, dit Martin, qu'il est dégoûté de tout ce qu'il possède ? Platon a dit, il y a longtemps, que les meilleurs estomacs ne sont pas ceux qui rebutent tous les aliments. — Mais, dit Candide, n'y a-t-il pas du plaisir à tout critiquer, à sentir des défauts où les autres hommes croient voir des beautés ? — C'est-à-dire, reprit Martin, qu'il y a du plaisir à n'avoir pas de plaisir ? — Oh bien ! dit Candide, il n'y a donc d'heureux que moi, quand je reverrai Mlle Cunégonde. — C'est toujours bien fait d'espérer », dit Martin.

Cependant les jours, les semaines s'écoulaient ; Cacambo ne revenait point, et Candide était si abîmé dans sa douleur qu'il ne fit pas même réflexion que

Paquette et frère Giroflée n'étaient pas venus seule-
ment le remercier.

CHAPITRE VINGT-SIXIÈME

D'un souper que Candide
et Martin firent avec six étrangers,
et qui ils étaient

Un soir que Candide, suivi de Martin, allait se
mettre à table avec les étrangers qui logeaient dans
la même hôtellerie, un homme à visage couleur de
suie l'aborda par-derrière, et, le prenant par le bras,
lui dit : « Soyez prêt à partir avec nous, n'y manquez
pas. » Il se retourne, et voit Cacambo. Il n'y avait que
la vue de Cunégonde qui pût l'étonner et lui plaire
davantage. Il fut sur le point de devenir fou de joie. Il
embrasse son cher ami. « Cunégonde est ici, sans
doute, où est-elle ? Mène-moi vers elle, que je meure
de joie avec elle. — Cunégonde n'est point ici, dit
Cacambo, elle est à Constantinople. — Ah, Ciel ! à
Constantinople ! mais, fût-elle à la Chine, j'y vole, par-
tons. — Nous partirons après souper, reprit
Cacambo, je ne peux vous en dire davantage ; je suis
esclave, mon maître m'attend ; il faut que j'aille le ser-
vir à table : ne dites mot ; soupez et tenez-vous prêt. »
Candide, partagé entre la joie et la douleur, charmé
d'avoir revu son agent fidèle, étonné de le voir
esclave, plein de l'idée de retrouver sa maîtresse, le
cœur agité, l'esprit bouleversé, se mit à table avec

Martin, qui voyait de sang-froid toutes ces aventures, et avec six étrangers qui étaient venus passer le carnaval à Venise.

Cacambo, qui versait à boire à l'un de ces six étrangers, s'approcha de l'oreille de son maître, sur la fin du repas, et lui dit : « Sire, Votre Majesté partira quand elle voudra, le vaisseau est prêt. » Ayant dit ces mots, il sortit. Les convives, étonnés, se regardaient sans proférer une seule parole, lorsqu'un autre domestique, s'approchant de son maître, lui dit : « Sire, la chaise de Votre Majesté est à Padoue, et la barque est prête. » Le maître fit un signe, et le domestique partit. Tous les convives se regardèrent encore, et la surprise commune redoubla. Un troisième valet, s'approchant aussi d'un troisième étranger, lui dit : « Sire, croyez-moi, Votre Majesté ne doit pas rester ici plus longtemps : je vais tout préparer » ; et aussitôt il disparut.

Candide et Martin ne doutèrent pas alors que ce ne fût une mascarade du carnaval. Un quatrième domestique dit au quatrième maître : « Votre Majesté partira quand elle voudra », et sortit comme les autres. Le cinquième valet en dit autant au cinquième maître. Mais le sixième valet parla différemment au sixième étranger, qui était auprès de Candide ; il lui dit : « Ma foi, Sire, on ne veut plus faire crédit à Votre Majesté, ni à moi non plus ; et nous pourrions bien être coffrés cette nuit, vous et moi : je vais pourvoir à mes affaires ; adieu. »

Tous les domestiques ayant disparu, les six étrangers, Candide et Martin demeurèrent dans un profond silence. Enfin Candide le rompit. « Messieurs,

dit-il, voilà une singulière plaisanterie : pourquoi êtes-vous tous rois ? Pour moi, je vous avoue que ni moi ni Martin nous ne le sommes. »

Le maître de Cacambo prit alors gravement la parole, et dit en italien : « Je ne suis point plaisant, je m'appelle Achmet III[1]. J'ai été grand sultan plusieurs années ; je détrônai mon frère ; mon neveu m'a détrôné ; on a coupé le cou à mes vizirs ; j'achève ma vie dans le vieux sérail ; mon neveu le grand sultan Mahmoud me permet de voyager quelquefois pour ma santé, et je suis venu passer le carnaval à Venise. »

Un jeune homme qui était auprès d'Achmet parla après lui, et dit : « Je m'appelle Ivan[2] ; j'ai été empereur de toutes les Russies ; j'ai été détrôné au berceau ; mon père et ma mère ont été enfermés ; on m'a élevé en prison ; j'ai quelquefois la permission de voyager, accompagné de ceux qui me gardent, et je suis venu passer le carnaval à Venise. »

Le troisième dit : « Je suis Charles-Édouard[3], roi d'Angleterre ; mon père m'a cédé ses droits au royaume ; j'ai combattu pour les soutenir ; on a arraché le cœur à huit cents de mes partisans, et on leur en a battu les joues. J'ai été mis en prison ; je vais à Rome faire une visite au roi mon père, détrôné ainsi

1. Achmet III est un personnage réel : sultan de Turquie entre 1703 et 1730, il meurt en 1736 après avoir été détrôné en 1730.

2. Voltaire évoque ici Ivan VI, tsar de Russie en 1740-1741, détrôné au profit de la fille de Pierre le Grand, Élisabeth.

3. Référence au « jeune Prétendant » qui essaya sans succès de reprendre le trône d'Angleterre au moment de la guerre entre la France et l'Angleterre.

que moi et mon grand-père, et je suis venu passer le carnaval à Venise. »

Le quatrième prit alors la parole et dit : « Je suis roi des Polaques[1] ; le sort de la guerre m'a privé de mes États héréditaires ; mon père a éprouvé les mêmes revers ; je me résigne à la Providence comme le sultan Achmet, l'empereur Ivan et le roi Charles-Édouard, à qui Dieu donne une longue vie, et je suis venu passer le carnaval à Venise. »

Le cinquième dit : « Je suis aussi roi des Polaques ; j'ai perdu mon royaume deux fois ; mais la Providence m'a donné un autre État, dans lequel j'ai fait plus de bien que tous les rois des Sarmates ensemble n'en ont jamais pu faire sur les bords de la Vistule ; je me résigne aussi à la Providence, et je suis venu passer le carnaval à Venise. »

Il restait au sixième monarque à parler. « Messieurs, dit-il, je ne suis pas si grand seigneur que vous ; mais enfin j'ai été roi tout comme un autre. Je suis Théodore[2] ; on m'a élu roi en Corse ; on m'a appelé *Votre Majesté*, et à présent, à peine m'appelle-t-on *Monsieur*. J'ai fait frapper de la monnaie, et je ne possède pas un denier ; j'ai eu deux secrétaires d'État, et j'ai à peine un valet ; je me suis vu sur un trône, et j'ai longtemps été à Londres en prison, sur la paille. J'ai bien peur d'être traité de même ici, quoique je sois venu comme Vos Majestés passer le carnaval à Venise. »

1. Ce premier roi des Polonais est Auguste III, chassé par Frédéric II. L'autre roi polonais, évoqué dans le paragraphe suivant, est Stanislas Leszczynski, dont la fille épousa Louis XV.
2. Aventurier qui aida les Corses contre Gênes : plusieurs fois roi de Corse, il mourut en prison en 1756 pour dettes.

Les cinq autres rois écoutèrent ce discours avec une noble compassion. Chacun d'eux donna vingt sequins[1] au roi Théodore pour avoir des habits et des chemises ; et Candide lui fit présent d'un diamant de deux mille sequins. « Quel est donc, disaient les cinq rois, ce simple particulier qui est en état de donner cent fois autant que chacun de nous, et qui le donne ? »

Dans l'instant qu'on sortait de table, il arriva dans la même hôtellerie quatre altesses sérénissimes qui avaient aussi perdu leurs États par le sort de la guerre, et qui venaient passer le reste du carnaval à Venise. Mais Candide ne prit pas seulement garde à ces nouveaux venus. Il n'était occupé que d'aller trouver sa chère Cunégonde à Constantinople.

CHAPITRE VINGT-SEPTIÈME

Voyage de Candide à Constantinople

Le fidèle Cacambo avait déjà obtenu du patron turc qui allait reconduire le sultan Achmet à Constantinople qu'il recevrait Candide et Martin sur son bord. L'un et l'autre s'y rendirent après s'être prosternés devant Sa misérable Hautesse. Candide, chemin faisant, disait à Martin : « Voilà pourtant six rois détrônés, avec qui nous avons soupé, et encore dans ces six rois il y en a un à qui j'ai fait l'aumône. Peut-être

1. Pièces d'or de Venise.

y a-t-il beaucoup d'autres princes plus infortunés. Pour moi, je n'ai perdu que cent moutons, et je vole dans les bras de Cunégonde. Mon cher Martin, encore une fois, Pangloss avait raison : tout est bien. — Je le souhaite, dit Martin. — Mais, dit Candide, voilà une aventure bien peu vraisemblable que nous avons eue à Venise. On n'avait jamais vu ni ouï conter que six rois détrônés soupassent ensemble au cabaret. — Cela n'est pas plus extraordinaire, dit Martin, que la plupart des choses qui nous sont arrivées. Il est très commun que des rois soient détrônés ; et à l'égard de l'honneur que nous avons eu de souper avec eux, c'est une bagatelle qui ne mérite pas notre attention. »

À peine Candide fut-il dans le vaisseau qu'il sauta au cou de son ancien valet, de son ami Cacambo. « Eh bien ! lui dit-il, que fait Cunégonde ? Est-elle toujours un prodige de beauté ? M'aime-t-elle toujours ? Comment se porte-t-elle ? Tu lui as sans doute acheté un palais à Constantinople ?

— Mon cher maître, répondit Cacambo, Cunégonde lave les écuelles sur le bord de la Propontide, chez un prince qui a très peu d'écuelles ; elle est esclave dans la maison d'un ancien souverain nommé Ragotski[1], à qui le Grand Turc donne trois écus par jour dans son asile ; mais ce qui est bien plus triste, c'est qu'elle a perdu sa beauté et qu'elle est devenue horriblement laide. — Ah ! belle ou laide, dit Candide,

1. Personnage historique (1676-1735) : Ragotski souleva les Hongrois contre l'empereur d'Autriche, et, vaincu, dut se retirer sur les bords de la mer de Marmara.

je suis honnête homme, et mon devoir est de l'aimer toujours. Mais comment peut-elle être réduite à un état si abject avec les cinq ou six millions que tu avais apportés ? — Bon, dit Cacambo, ne m'en a-t-il pas fallu donner deux millions au señor don Fernando d'Ibaraa, y Figueora, y Mascarenes, y Lampourdos, y Souza, gouverneur de Buenos-Ayres, pour avoir la permission de reprendre mademoiselle Cunégonde ? Et un pirate ne nous a-t-il pas bravement dépouillés de tout le reste ? Ce pirate ne nous a-t-il pas menés au cap de Matapan, à Milo, à Nicarie, à Samos, à Petra, aux Dardanelles, à Marmora, à Scutari ? Cunégonde et la vieille servent chez ce prince dont je vous ai parlé, et moi je suis esclave du sultan détrôné. — Que d'épouvantables calamités enchaînées les unes aux autres ! dit Candide. Mais, après tout, j'ai encore quelques diamants ; je délivrerai aisément Cunégonde. C'est bien dommage qu'elle soit devenue si laide. »

Ensuite, se tournant vers Martin : « Qui pensez-vous, dit-il, qui soit le plus à plaindre, de l'empereur Achmet, de l'empereur Ivan, du roi Charles-Édouard, ou de moi ? — Je n'en sais rien, dit Martin ; il faudrait que je fusse dans vos cœurs pour le savoir. — Ah ! dit Candide, si Pangloss était ici, il le saurait et nous l'apprendrait. — Je ne sais, dit Martin, avec quelles balances votre Pangloss aurait pu peser les infortunes des hommes et apprécier leurs douleurs. Tout ce que je présume, c'est qu'il y a des millions d'hommes sur la terre cent fois plus à plaindre que le roi Charles-Édouard, l'empereur Ivan et le sultan Achmet. — Cela pourrait bien être », dit Candide.

On arriva en peu de jours sur le canal de la mer

Noire. Candide commença par racheter Cacambo fort cher, et, sans perdre de temps, il se jeta dans une galère, avec ses compagnons, pour aller sur le rivage de la Propontide chercher Cunégonde, quelque laide qu'elle pût être.

Il y avait dans la chiourme[1] deux forçats qui ramaient fort mal, et à qui le levanti patron[2] appliquait de temps en temps quelques coups de nerf de bœuf sur leurs épaules nues ; Candide, par un mouvement naturel, les regarda plus attentivement que les autres galériens et s'approcha d'eux avec pitié. Quelques traits de leurs visages défigurés lui parurent avoir un peu de ressemblance avec Pangloss et avec ce malheureux jésuite, ce baron, ce frère de Mlle Cunégonde. Cette idée l'émut et l'attrista. Il les considéra encore plus attentivement. « En vérité, dit-il à Cacambo, si je n'avais pas vu pendre maître Pangloss, et si je n'avais pas eu le malheur de tuer le baron, je croirais que ce sont eux qui rament dans cette galère. »

Au nom du baron et de Pangloss les deux forçats poussèrent un grand cri, s'arrêtèrent sur leur banc et laissèrent tomber leurs rames. Le levanti patron accourait sur eux, et les coups de nerf de bœuf redoublaient. « Arrêtez, arrêtez, Seigneur, s'écria Candide, je vous donnerai tant d'argent que vous voudrez. — Quoi ! c'est Candide ! disait l'un des forçats. — Quoi ! c'est Candide ! disait l'autre. — Est-ce un songe ? dit Candide ; veillé-je ? suis-je dans cette

1. Au sens de « l'ensemble des galériens ».
2. Venant du Levant (Proche-Orient).

galère ? Est-ce là monsieur le baron que j'ai tué ? Est-ce là maître Pangloss que j'ai vu pendre ?

— C'est nous-mêmes, c'est nous-mêmes, répondaient-ils. — Quoi ! c'est là ce grand philosophe ? disait Martin.

— Eh ! Monsieur le levanti patron, dit Candide, combien voulez-vous d'argent pour la rançon de M. de Thunder-ten-tronckh, un des premiers barons de l'Empire, et de M. Pangloss, le plus profond métaphysicien d'Allemagne ? — Chien de chrétien, répondit le levanti patron, puisque ces deux chiens de forçats chrétiens sont des barons et des métaphysiciens, ce qui est sans doute une grande dignité dans leurs pays, tu m'en donneras cinquante mille sequins. — Vous les aurez, monsieur, ramenez-moi comme un éclair à Constantinople, et vous serez payé sur-le-champ. Mais non, menez-moi chez Mlle Cunégonde. » Le levanti patron, sur la première offre de Candide, avait déjà tourné la proue vers la ville, et il faisait ramer plus vite qu'un oiseau ne fend les airs.

Candide embrassa cent fois le baron et Pangloss. « Et comment ne vous ai-je pas tué, mon cher baron ? et mon cher Pangloss, comment êtes-vous en vie après avoir été pendu ? et pourquoi êtes-vous tous deux aux galères en Turquie ? — Est-il bien vrai que ma chère sœur soit dans ce pays ? disait le baron. — Oui, répondait Cacambo. — Je revois donc mon cher Candide », s'écriait Pangloss. Candide leur présentait Martin et Cacambo. Ils s'embrassaient tous, ils parlaient tous à la fois. La galère volait, ils étaient déjà dans le port. On fit venir un Juif, à qui Candide vendit pour cinquante mille sequins un diamant de la

valeur de cent mille, et qui lui jura par Abraham qu'il n'en pouvait donner davantage. Il paya incontinent la rançon du baron et de Pangloss. Celui-ci se jeta aux pieds de son libérateur et les baigna de larmes ; l'autre le remercia par un signe de tête, et lui promit de lui rendre cet argent à la première occasion. « Mais est-il bien possible que ma sœur soit en Turquie ? disait-il. — Rien n'est si possible, reprit Cacambo, puisqu'elle écure la vaisselle chez un prince de Transylvanie. » On fit aussitôt venir deux Juifs ; Candide vendit encore des diamants ; et ils repartirent tous dans une autre galère pour aller délivrer Cunégonde.

CHAPITRE VINGT-HUITIÈME

Ce qui arriva à Candide, à Cunégonde, à Pangloss, à Martin, etc.

« Pardon, encore une fois, dit Candide au baron ; pardon, mon Révérend Père, de vous avoir donné un grand coup d'épée au travers du corps. — N'en parlons plus, dit le baron ; je fus un peu trop vif, je l'avoue ; mais, puisque vous voulez savoir par quel hasard vous m'avez vu aux galères, je vous dirai qu'après avoir été guéri de ma blessure par le frère apothicaire du collège, je fus attaqué et enlevé par un parti espagnol ; on me mit en prison à Buenos-Ayres dans le temps que ma sœur venait d'en partir. Je demandai à retourner à Rome auprès du père général. Je fus nommé pour aller servir d'aumônier

à Constantinople auprès de M. l'ambassadeur de France. Il n'y avait pas huit jours que j'étais entré en fonctions, quand je trouvai sur le soir un jeune icoglan[1] très bien fait. Il faisait fort chaud : le jeune homme voulut se baigner ; je pris cette occasion de me baigner aussi. Je ne savais pas que ce fût un crime capital pour un chrétien d'être trouvé tout nu avec un jeune musulman. Un cadi[2] me fit donner cent coups de bâton sous la plante des pieds et me condamna aux galères. Je ne crois pas qu'on ait fait une plus horrible injustice. Mais je voudrais bien savoir pourquoi ma sœur est dans la cuisine d'un souverain de Transylvanie réfugié chez les Turcs.

— Mais vous, mon cher Pangloss, dit Candide, comment se peut-il que je vous revoie ? — Il est vrai, dit Pangloss, que vous m'avez vu pendre ; je devais naturellement être brûlé ; mais vous vous souvenez qu'il plut à verse lorsqu'on allait me cuire : l'orage fut si violent qu'on désespéra d'allumer le feu ; je fus pendu, parce qu'on ne put mieux faire : un chirurgien acheta mon corps, m'emporta chez lui, et me disséqua. Il me fit d'abord une incision cruciale depuis le nombril jusqu'à la clavicule. On ne pouvait pas avoir été plus mal pendu que je l'avais été. L'exécuteur des hautes œuvres de la sainte Inquisition, lequel était sous-diacre, brûlait à la vérité les gens à merveille, mais il n'était pas accoutumé à pendre : la corde était mouillée et glissa mal, elle fut nouée ; enfin je respi-

1. On désignait ainsi les jeunes serviteurs du sérail.
2. Un juge musulman.

rais encore : l'incision cruciale[1] me fit jeter un si grand cri que mon chirurgien tomba à la renverse, et, croyant qu'il disséquait le diable, il s'enfuit en mourant de peur, et tomba encore sur l'escalier en fuyant. Sa femme accourut au bruit, d'un cabinet voisin ; elle me vit sur la table étendu avec mon incision cruciale : elle eut encore plus de peur que son mari, s'enfuit et tomba sur lui. Quand ils furent un peu revenus à eux, j'entendis la chirurgienne qui disait au chirurgien : "Mon bon, de quoi vous avisez-vous aussi de disséquer un hérétique ? Ne savez-vous pas que le diable est toujours dans le corps de ces gens-là ? Je vais vite chercher un prêtre pour l'exorciser." Je frémis à ce propos, et je ramassai le peu de forces qui me restaient, pour crier : "Ayez pitié de moi !" Enfin le barbier[2] portugais s'enhardit ; il recousit ma peau ; sa femme même eut soin de moi ; je fus sur pied au bout de quinze jours. Le barbier me trouva une condition, et me fit laquais d'un chevalier de Malte qui allait à Venise ; mais mon maître n'ayant pas de quoi me payer, je me mis au service d'un marchand vénitien, et je le suivis à Constantinople.

« Un jour il me prit fantaisie d'entrer dans une mosquée ; il n'y avait qu'un vieil iman et une jeune dévote très jolie qui disait ses patenôtres ; sa gorge était toute découverte : elle avait entre ses deux tétons un beau bouquet de tulipes, de roses, d'anémones, de renoncules, d'hyacinthes et d'oreilles-d'ours ; elle laissa tomber son bouquet ; je le ramassai, et je le lui remis avec

1. Au sens de « qui a la forme d'une croix ».
2. En fait un chirurgien, les deux professions étant alors souvent confondues.

un empressement très respectueux. Je fus si longtemps à le lui remettre que l'iman se mit en colère, et voyant que j'étais chrétien, il cria à l'aide. On me mena chez le cadi, qui me fit donner cent coups de lattes sur la plante des pieds et m'envoya aux galères. Je fus enchaîné précisément dans la même galère et au même banc que monsieur le baron. Il y avait dans cette galère quatre jeunes gens de Marseille, cinq prêtres napolitains, et deux moines de Corfou, qui nous dirent que de pareilles aventures arrivaient tous les jours. Monsieur le baron prétendait qu'il avait essuyé une plus grande injustice que moi; je prétendais, moi, qu'il était beaucoup plus permis de remettre un bouquet sur la gorge d'une femme que d'être tout nu avec un icoglan. Nous disputions sans cesse, et nous recevions vingt coups de nerf de bœuf par jour, lorsque l'enchaînement des événements de cet univers vous a conduit dans notre galère, et que vous nous avez rachetés.

— Eh bien! mon cher Pangloss, lui dit Candide, quand vous avez été pendu, disséqué, roué de coups, et que vous avez ramé aux galères, avez-vous toujours pensé que tout allait le mieux du monde? — Je suis toujours de mon premier sentiment, répondit Pangloss, car enfin je suis philosophe : il ne me convient pas de me dédire, Leibnitz ne pouvant pas avoir tort, et l'harmonie préétablie étant d'ailleurs la plus belle chose du monde, aussi bien que le plein et la matière subtile [1]. »

1. Allusion aux conceptions de Leibniz (harmonie préétablie) et de Descartes (qui refuse l'existence du vide), dont se moque Voltaire.

CHAPITRE VINGT-NEUVIÈME

Comment Candide retrouva Cunégonde et la vieille

Pendant que Candide, le baron, Pangloss, Martin et Cacambo contaient leurs aventures, qu'ils raisonnaient sur les événements contingents ou non contingents[1] de cet univers, qu'ils disputaient sur les effets et les causes, sur le mal moral et sur le mal physique, sur la liberté et la nécessité, sur les consolations que l'on peut éprouver lorsqu'on est aux galères en Turquie, ils abordèrent sur le rivage de la Propontide à la maison du prince de Transylvanie. Les premiers objets qui se présentèrent furent Cunégonde et la vieille, qui étendaient des serviettes sur des ficelles pour les faire sécher.

Le baron pâlit à cette vue. Le tendre amant Candide, en voyant sa belle Cunégonde rembrunie, les yeux éraillés, la gorge sèche[2], les joues ridées, les bras rouges et écaillés, recula trois pas saisi d'horreur, et avança ensuite par bon procédé. Elle embrassa Candide et son frère ; on embrassa la vieille : Candide les racheta toutes deux.

Il y avait une petite métairie dans le voisinage : la vieille proposa à Candide de s'en accommoder, en attendant que toute la troupe eût une meilleure destinée. Cunégonde ne savait pas qu'elle était enlaidie,

1. C'est-à-dire des événements relevant ou non du hasard.
2. Au sens de «les seins qui tombent».

personne ne l'en avait avertie : elle fit souvenir Candide de ses promesses avec un ton si absolu que le bon Candide n'osa pas la refuser. Il signifia donc au baron qu'il allait se marier avec sa sœur. « Je ne souffrirai jamais, dit le baron, une telle bassesse de sa part et une telle insolence de la vôtre ; cette infamie ne me sera jamais reprochée : les enfants de ma sœur ne pourraient entrer dans les chapitres[1] d'Allemagne. Non, jamais ma sœur n'épousera qu'un baron de l'Empire. » Cunégonde se jeta à ses pieds et les baigna de larmes ; il fut inflexible. « Maître fou, lui dit Candide, je t'ai réchappé des galères, j'ai payé ta rançon, j'ai payé celle de ta sœur ; elle lavait ici des écuelles, elle est laide, j'ai la bonté d'en faire ma femme, et tu prétends encore t'y opposer ! Je te retuerais si j'en croyais ma colère. — Tu peux me tuer encore, dit le baron, mais tu n'épouseras pas ma sœur de mon vivant. »

CHAPITRE TRENTIÈME

Conclusion

Candide, dans le fond de son cœur, n'avait aucune envie d'épouser Cunégonde. Mais l'impertinence extrême du baron le déterminait à conclure le mariage, et Cunégonde le pressait si vivement qu'il ne pouvait s'en dédire. Il consulta Pangloss, Martin et le fidèle

1. Les assemblées religieuses.

Cacambo. Pangloss fit un beau mémoire par lequel il prouvait que le baron n'avait nul droit sur sa sœur, et qu'elle pouvait, selon toutes les lois de l'Empire, épouser Candide de la main gauche[1]. Martin conclut à jeter le baron dans la mer. Cacambo décida qu'il fallait le rendre au levanti patron et le remettre aux galères; après quoi on l'enverrait à Rome au père général par le premier vaisseau. L'avis fut trouvé fort bon; la vieille l'approuva; on n'en dit rien à sa sœur; la chose fut exécutée pour quelque argent, et on eut le plaisir d'attraper un jésuite et de punir l'orgueil d'un baron allemand.

Il était tout naturel d'imaginer qu'après tant de désastres, Candide, marié avec sa maîtresse et vivant avec le philosophe Pangloss, le philosophe Martin, le prudent Cacambo et la vieille, ayant d'ailleurs rapporté tant de diamants de la patrie des anciens Incas, mènerait la vie du monde la plus agréable; mais il fut tant friponné par les Juifs qu'il ne lui resta plus rien que sa petite métairie; sa femme, devenant tous les jours plus laide, devint acariâtre et insupportable; la vieille était infirme et fut encore de plus mauvaise humeur que Cunégonde. Cacambo, qui travaillait au jardin, et qui allait vendre des légumes à Constantinople, était excédé de travail et maudissait sa destinée. Pangloss était au désespoir de ne pas briller dans quelque université d'Allemagne. Pour Martin, il était fermement persuadé qu'on est également mal partout; il prenait les choses en patience. Candide, Martin et Pangloss disputaient quelquefois de métaphysique et de morale. On voyait souvent passer sous les fenêtres de la

1. Mariage n'engageant ni les titres ni les biens.

métairie des bateaux chargés d'effendis, de bachas, de cadis[1], qu'on envoyait en exil à Lemnos, à Mitylène, à Erzeroum. On voyait venir d'autres cadis, d'autres bachas, d'autres effendis, qui prenaient la place des expulsés et qui étaient expulsés à leur tour. On voyait des têtes proprement empaillées qu'on allait présenter à la Sublime Porte. Ces spectacles faisaient redoubler les dissertations; et quand on ne disputait pas, l'ennui était si excessif que la vieille osa un jour leur dire : «Je voudrais savoir lequel est le pire, ou d'être violée cent fois par des pirates nègres, d'avoir une fesse coupée, de passer par les baguettes chez les Bulgares, d'être fouetté et pendu dans un auto-da-fé, d'être disséqué, de ramer en galère, d'éprouver enfin toutes les misères par lesquelles nous avons tous passé, ou bien de rester ici à ne rien faire? — C'est une grande question», dit Candide.

Ce discours fit naître de nouvelles réflexions, et Martin surtout conclut que l'homme était né pour vivre dans les convulsions de l'inquiétude, ou dans la léthargie de l'ennui. Candide n'en convenait pas, mais il n'assurait rien. Pangloss avouait qu'il avait toujours horriblement souffert; mais ayant soutenu une fois que tout allait à merveille, il le soutenait toujours, et n'en croyait rien.

Une chose acheva de confirmer Martin dans ses détestables principes, de faire hésiter plus que jamais Candide, et d'embarrasser Pangloss. C'est qu'ils virent un jour aborder dans leur métairie Paquette et le frère Giroflée, qui étaient dans la plus extrême

1. Dignitaires et gouverneurs de Turquie.

misère ; ils avaient bien vite mangé leurs trois mille piastres, s'étaient quittés, s'étaient raccommodés, s'étaient brouillés, avaient été mis en prison, s'étaient enfuis, et enfin frère Giroflée s'était fait turc. Paquette continuait son métier partout, et n'y gagnait plus rien. «Je l'avais bien prévu, dit Martin à Candide, que vos présents seraient bientôt dissipés et ne les rendraient que plus misérables. Vous avez regorgé de millions de piastres, vous et Cacambo, et vous n'êtes pas plus heureux que frère Giroflée et Paquette. — Ah, ah! dit Pangloss à Paquette, le ciel vous ramène donc ici parmi nous, ma pauvre enfant! Savez-vous bien que vous m'avez coûté le bout du nez, un œil et une oreille? Comme vous voilà faite! Et qu'est-ce que ce monde!» Cette nouvelle aventure les engagea à philosopher plus que jamais.

Il y avait dans le voisinage un derviche[1] très fameux, qui passait pour le meilleur philosophe de la Turquie; ils allèrent le consulter; Pangloss porta la parole, et lui dit : «Maître, nous venons vous prier de nous dire pourquoi un aussi étrange animal que l'homme a été formé.

— De quoi te mêles-tu? dit le derviche, est-ce là ton affaire? — Mais, mon Révérend Père, dit Candide, il y a horriblement de mal sur la terre. — Qu'importe, dit le derviche, qu'il y ait du mal ou du bien? Quand Sa Hautesse envoie un vaisseau en Égypte, s'embarrasse-t-elle si les souris qui sont dans le vaisseau sont à leur aise ou non? — Que faut-il donc faire? dit Pangloss. — Te taire, dit le derviche. — Je

1. Sage musulman.

me flattais, dit Pangloss, de raisonner un peu avec
vous des effets et des causes, du meilleur des mondes
possibles, de l'origine du mal, de la nature de l'âme
et de l'harmonie préétablie. » Le derviche, à ces mots,
leur ferma la porte au nez.

Pendant cette conversation, la nouvelle s'était
répandue qu'on venait d'étrangler à Constantinople
deux vizirs du banc et le muphti, et qu'on avait empalé
plusieurs de leurs amis. Cette catastrophe faisait par-
tout un grand bruit pendant quelques heures. Pan-
gloss, Candide et Martin, en retournant à la petite
métairie, rencontrèrent un bon vieillard qui prenait le
frais à sa porte sous un berceau d'orangers. Pangloss,
qui était aussi curieux que raisonneur, lui demanda
comment se nommait le muphti qu'on venait d'étran-
gler. « Je n'en sais rien, répondit le bonhomme, et je
n'ai jamais su le nom d'aucun muphti ni d'aucun vizir.
J'ignore absolument l'aventure dont vous me parlez ;
je présume qu'en général ceux qui se mêlent des
affaires publiques périssent quelquefois misérable-
ment, et qu'ils le méritent ; mais je ne m'informe jamais
de ce qu'on fait à Constantinople ; je me contente d'y
envoyer vendre les fruits du jardin que je cultive. »
Ayant dit ces mots, il fit entrer les étrangers dans sa
maison : ses deux filles et ses deux fils leur présentè-
rent plusieurs sortes de sorbets qu'ils faisaient eux-
mêmes, du kaïmac [1] piqué d'écorces de cédrat confit,
des oranges, des citrons, des limons, des ananas, des
pistaches, du café de Moka qui n'était point mêlé avec
le mauvais café de Batavia et des îles. Après quoi les

1. Genre de sorbet.

deux filles de ce bon musulman parfumèrent les barbes de Candide, de Pangloss et de Martin.

«Vous devez avoir, dit Candide au Turc, une vaste et magnifique terre? — Je n'ai que vingt arpents [1], répondit le Turc; je les cultive avec mes enfants; le travail éloigne de nous trois grands maux: l'ennui, le vice, et le besoin.»

Candide, en retournant dans sa métairie, fit de profondes réflexions sur le discours du Turc. Il dit à Pangloss et à Martin: «Ce bon vieillard me paraît s'être fait un sort bien préférable à celui des six rois avec qui nous avons eu l'honneur de souper. — Les grandeurs, dit Pangloss, sont fort dangereuses, selon le rapport de tous les philosophes: car enfin Églon, roi des Moabites, fut assassiné par Aod; Absalon fut pendu par les cheveux et percé de trois dards; le roi Nadab, fils de Jéroboam, fut tué par Baaza; le roi Éla, par Zambri; Ochosias, par Jéhu; Athalia, par Joïada; les rois Joachim, Jéchonias, Sédécias, furent esclaves. Vous savez comment périrent Crésus, Astyage, Darius, Denys de Syracuse, Pyrrhus, Persée, Annibal, Jugurtha, Ariovste, César, Pompée, Néron, Othon, Vitellius, Domitien, Richard II d'Angleterre, Édouard II, Henri VI, Richard III, Marie Stuart, Charles Ier, les trois Henri de France, l'empereur Henri IV? Vous savez... — Je sais aussi, dit Candide, qu'il faut cultiver notre jardin. — Vous avez raison, dit Pangloss: car, quand l'homme fut mis dans le jardin d'Éden, il y fut mis *ut operaretur eum* [2], pour qu'il travaillât, ce qui

1. Soit approximativement 7 hectares.
2. Citation biblique: «pour y travailler».

<interrupt>

<interrupt>Sorry, I need to actually transcribe. Let me do so.</interrupt>

<interrupt>stop</interrupt>

<interrupt>Okay.</interrupt>

<interrupt>Proceeding.</interrupt>

</interrupt>

<interrupt>done</interrupt>

<interrupt>final</interrupt>

<interrupt>Let me write it.</interrupt>

<interrupt>.</interrupt>

<interrupt>Transcription:</interrupt>

<interrupt>138 Candide</interrupt>

prouve que l'homme n'est pas né pour le repos. — Travaillons sans raisonner, dit Martin ; c'est le seul moyen de rendre la vie supportable. »

Toute la petite société entra dans ce louable dessein ; chacun se mit à exercer ses talents. La petite terre rapporta beaucoup. Cunégonde était à la vérité bien laide ; mais elle devint une excellente pâtissière ; Paquette broda ; la vieille eut soin du linge. Il n'y eut pas jusqu'à frère Giroflée qui ne rendît service ; il fut un très bon menuisier, et même devint honnête homme ; et Pangloss disait quelquefois à Candide : « Tous les événements sont enchaînés dans le meilleur des mondes possibles ; car enfin, si vous n'aviez pas été chassé d'un beau château à grands coups de pied dans le derrière pour l'amour de Mlle Cunégonde, si vous n'aviez pas été mis à l'Inquisition, si vous n'aviez pas couru l'Amérique à pied, si vous n'aviez pas donné un bon coup d'épée au baron, si vous n'aviez pas perdu tous vos moutons du bon pays d'Eldorado, vous ne mangeriez pas ici des cédrats confits et des pistaches. — Cela est bien dit, répondit Candide, mais il faut cultiver notre jardin. »

Du tableau

au texte

Alain Jaubert

Du tableau au texte

Le rhinocéros
de Pietro Longhi

... Au premier plan, un rhinocéros noir...

Au premier plan, un rhinocéros noir, en train de
mâchouiller un peu de paille. À l'arrière-plan, en
deux groupes disposés sur des gradins, huit person-
nages. Au premier rang, le bonimenteur qui, dans
sa main droite, tient ensemble la corne de l'animal
et un fouet. De sa main gauche, il montre son
pensionnaire. À côté de lui, un élégant visiteur en
perruque. Puis un couple, qui se distingue particu-
lièrement : elle est très blanche, lui est masqué ; ils
portent tous les deux mantelet noir et tricorne. Un
galon d'or au tricorne de l'homme. Au bout du
rang, un jeune homme, songeur. Il fume une longue
pipe de terre. Il porte un simple bicorne et une cape
rouge. Derrière eux, une fillette coiffée d'un joli
chapeau de paille fleuri et crânement incliné. Elle
donne la main à une jeune femme qui, elle, montre
ses cheveux : macarons, fleur, mèche tombant sur
l'épaule. Sur son visage, un petit masque noir ovale
qui cache le nez, la bouche et le pourtour des yeux.
Jupe rouge, haut bleu, tablier blanc, chemise de des-

sous à larges manchettes, décolleté immense fermé
d'un large nœud rose. Sur son bras gauche, l'anse
d'un petit panier d'où dépassent deux oisillons
blancs nichés dans de la paille. Près d'elle, sa mère,
ou un chaperon, enveloppée dans un grand châle
vert. Murs de planches et de poutres, travées et
gradins eux aussi de bois : nous sommes dans une
sorte de baraque foraine qui se présente aussi
comme un solide corral.

...Venise, une des capitales de la liberté...

À droite, cloué sur la porte et rédigé comme une
annonce, un écriteau :

> *Vero Ritratto*
> *Di un Rinocerotto*
> *Condotto in Venezia*
> *L'anno 1751*
> *Fatto per mano di*
> *Pietro Longhi*
> *per commissione*
> *Del N.O. Giovanni Grimani*
> *dei Servi Patrizio Veneto*

Ce qui peut se traduire ainsi : «Vrai portrait d'un
rhinocéros apporté à Venise en l'année 1751, fait de
la main de Pietro Longhi sur commande du Noble
Honorable Giovanni Grimani des Servi, Patricien
vénitien.»
Ce petit tableau, une peinture à l'huile sur toile
de soixante-deux centimètres sur cinquante, rec-

tangle vertical, nous donne donc toutes les infor-
mations sur sa genèse. Nous sommes à Venise, une
des capitales de la liberté (avec Rotterdam et
Amsterdam) aux yeux des hommes du Siècle des
Lumières. Le tableau a été peint vers 1751 pour un
membre d'une des plus illustres familles de la Répu-
blique, d'une branche qui se distinguait des autres
par le nom de sa paroisse, ici « Santa Maria dei
Servi », et par un peintre alors très coté sur la lagune,
Pietro Longhi (1702-1785). Le tableau est resté dans
la famille Grimani, puis est passé par mariage et héri-
tage dans la famille Morosini, enfin il a abouti dans
les collections de l'État vénitien en 1895. Il est
conservé aujourd'hui au Ca'Rezzonico, le musée du
XVIII\ siècle vénitien, avec une douzaine d'autres
tableaux du peintre. Des Longhi sont visibles aussi à
la galerie Querini-Stampalia (qui possède trente
toiles de lui !), à l'Accademia, ainsi qu'au musée du
Louvre, à la National Gallery de Londres et au
Metropolitan Museum de New York.

Né et mort à Venise, Longhi a d'abord perfec-
tionné sa technique à Bologne auprès de Giuseppe
Maria Crespi. Il devient spécialiste des petites scènes
de genre, se rattachant donc naturellement à la
vogue européenne des *conversation pieces* britan-
niques. Il montre la vie quotidienne des Vénitiens
de toutes les classes sociales, nobles, bourgeois, arti-
sans, paysans, avec toujours une touche d'humour,
parfois même un esprit un peu caricatural. Son style
parfois naïf annonce par certains côtés le Douanier
Rousseau. À la différence de son ami Carlo Gol-
doni — l'écrivain avec qui on l'a souvent comparé,
ses tableaux ressemblant souvent à des scènes de

théâtre —, il ne va pas jusqu'à la satire de la société dans laquelle il vit. De nombreuses saynètes portent un regard amusé mais tendre sur les mœurs de son temps. Parmi ses toiles les plus fameuses : *Le charlatan* où un homme sur une estrade vend un élixir et tente d'attirer les passants ; *La vendeuse d'essences*, une semblable scène de rue avec le même partage entre gens du peuple et nobles masqués ; *Le Ridotto*, un moment de flirt malicieux entre hommes et femmes dans une des loges du célèbre établissement de jeu installé dans le quartier de San Moisè ; *La chasse au harle*, cinq chasseurs sur une gondole en pleine lagune sous un beau ciel pâle d'hiver... Ces tableaux sont surtout destinés à décorer les boudoirs des dames ou des salons de taille modeste. Ils dépassent rarement les soixante ou soixante-deux centimètres. Scènes standardisées, rassemblant un nombre restreint de personnages, pas trop compliquées, à l'humour subtil, aux allusions érotiques fréquentes mais discrètes. Il ne s'agirait pas d'effaroucher les enfants ou les jeunes filles... D'ailleurs Longhi fit aussi des séries plus édifiantes : *Le baptême, La confirmation, La confession, La communion, Le mariage, L'extrême-onction*, etc.

... Un discours ironique sur l'opposition entre nature et culture...

Le rhinocéros appartient à une série de tableaux que Longhi a peints régulièrement, année après année, sur commande de ses divers clients et à l'occasion des attractions nouvelles du carnaval. Il a montré ainsi *L'arracheur de dents, La voyante, Le devin,*

Le lion, *L'éléphant*. Et surtout le *Mondo Novo*, le « Nouveau Monde », une sorte de lanterne magique à décors lumineux qui est un des ancêtres du cinéma et qui fascinera aussi un autre peintre, Domenico Tiepolo. La *piazzetta* de San Marco, la zone entre la grande piazza San Marco et le Môle, était alors envahie de *casotti*, baraques de bois et de toiles, et les spectacles les plus étranges y attiraient les chalands. Avec le rhinocéros, animal dont la présence est bien attestée lors du carnaval de 1751, nous nous trouvons donc dans un de ces *casotti* dressés sur les dalles de basalte de la *piazzetta*, disputant leur espace aux tréteaux des habituels joueurs de bonneteau et surtout aux superbes *puttane veneziane*. Elles attiraient alors les touristes sexuels de toute l'Europe : près de dix mille femmes vénales recensées, dit-on, à l'époque du tableau, sur une population à peine dix fois plus importante ! Jean-Jacques Rousseau raconte dans ses *Confessions* comment il en rencontra une fameuse, et quel fiasco en résulta.

Rousseau n'apprécie pas trop Venise. D'autres aimeront la ville à la folie. C'est qu'à l'époque toute l'Europe s'intéresse à la Sérénissime. Elle est, depuis des siècles, une sorte de modèle politique et social. À toutes les questions qui se posaient aux États européens depuis la Renaissance, la République de Venise avait répondu de façon toujours originale. Dans son isolement géographique et historique, elle avait inventé des formes de gouvernement à mi-chemin entre le despotisme éclairé et la démocratie représentative. Certes, c'était une puissance militaire et coloniale, et une oligarchie autoritaire régnait sur le peuple vénitien à l'aide d'une impor-

tante bureaucratie d'État. Mais le carnaval, où, sous couvert de déguisement, tout, ou presque, était permis, formait comme une soupape de sécurité et libérait les tensions publiques ou privées. Les esclaves se faisaient maîtres, les femmes changeaient de maris, le jeu ruinait souvent les riches, et l'on pouvait dire tout haut des choses qui en France ou dans les États du pape vous auraient mené tout droit à l'échafaud. Venise fut ainsi toujours un grand centre d'imprimerie où se publiaient les ouvrages scientifiques révolutionnaires, les textes protestants, les pamphlets politiques de même que les œuvres les plus lascives. La tolérance avait ses limites et le jeune aventurier Giacomo Casanova l'apprit à ses dépens. Pour avoir possédé des livres de magie ou avoir proclamé trop haut son athéisme ou peut-être avoir ravi la femme d'un inquisiteur d'État, on ne sait pas exactement, il fut jeté dans les terribles cachots des Plombs, sous les toits du palais des Doges. D'où il s'évada de façon sensationnelle, épisode le plus connu de ses *Mémoires*, l'un des plus grands livres du siècle. Maints chapitres de Casanova peuvent aujourd'hui s'illustrer avec les tableaux de Canaletto, de Tiepolo ou de Pietro Longhi.

Si *Le rhinocéros* de Longhi continue encore aujourd'hui à tant fasciner les visiteurs du Ca'Rezzonico ou les illustrateurs qui l'utilisent volontiers, ce n'est pas tellement par son exotisme. Après tout, même le rhinocéros nous est devenu familier ! C'est surtout parce que sa composition frappe immédiatement le regard. La première rambarde vivement éclairée coupe exactement le tableau en deux parties égales. En haut, l'espace du décor est très soigneusement

découpé en plans dynamiques par les rambardes successives et les verticales de la poutre et de la porte. La poutre oblique sombre, à gauche, vient tempérer cette géométrie un peu trop sévère. Le rhinocéros occupe toute la moitié inférieure du tableau. Sa forme sombre s'oppose fortement à la zone claire des vêtements et des visages des spectateurs. Et dans cette zone plus claire, on retrouve les mêmes oppositions : masque blanc/masque noir, vêtements blancs/vêtements noirs. Cette société propre, polie, et bien rangée (ce qui ne l'empêche pas d'être parfois fort polissonne…), s'oppose à la massivité sauvage et noire de la bête tout en courbes et contre-courbes bizarres. La paille en vrac, les tas de crottin ajoutent encore à la bestialité désordonnée. C'est, pour nous aujourd'hui, un discours ironique sur l'opposition entre nature et culture dont les philosophes du Siècle des Lumières, avant ceux du XXᵉ siècle, vont débattre à l'infini.

Et d'ailleurs, cette arène où ont lieu ces étranges croisements de regards est comme le lieu d'un échange rituel, d'une métamorphose. Les humains mettent des masques comme s'ils voulaient exposer sur leur visage leur part cachée d'animalité. En face d'eux, le rhinocéros, oisif, ennuyé, blindé dans son épaisse carapace, a le masque d'un vieux notaire bougon. Réduit dans son enclos à l'état de triste ruminant, le pauvre animal a été dépouillé de ce qui était sa parure, sa force, son orgueil : sa corne, sciée, est aux mains de son patron qui la brandit comme un trophée. Elle surgit en plein dans la zone la plus vide du tableau, signe appuyé de ce triomphe de la culture raffinée sur la nature sauvage. Le rhinocéros

a été transformé en un bœuf paisible par cette parlante castration.

... L'aînée est muette, mais elle laisse parler ses appas...

Peut-on aller plus loin dans la lecture de ce tableau ? Comprendre pourquoi Candide veut passer par Venise, « pays libre » ? Pourquoi ces masques ? Qui sont ces personnages ? Et puis que font ces oiseaux dans le panier ? Pour répondre à ces questions, il faut se faire vénitien. Deux des trois personnages du premier rang ont revêtu la *bauta*, le « masque noble », appelé encore à Venise « masque national », un costume que les gens portaient alors pour se déguiser. Il était composé d'une cape noire en soie et d'un mantelet ou rochet en dentelle qui partait de la tête, et, tenu par le tricorne, couvrait les épaules et la poitrine. Il s'accompagnait le plus souvent de la *larva* (larve) ou *volto* (visage), blanc, plus rarement noir. L'origine du mot *bauta* a été l'objet de débats étymologiques à n'en plus finir : de l'allemand *behüten*, « protéger » ? De l'italien *baucco*, sorte de capuchon ? De *bau-bao*, terme utilisé pour faire peur aux enfants ? De *bavaglio*, le bâillon ? Du piémontais *bavera*, masque ? Nul ne sait vraiment. La *bauta* servait à cacher en partie parures et bijoux théoriquement interdits dans la sévère République.

Quant à la larve, du latin *larvus*, masque spectral, fantôme, elle est en effet inquiétante. Il faut s'imaginer les rues mal éclairées parcourues par ces visages blancs, lugubres... Avantage, on pouvait se dissimuler parfaitement le visage et cependant par-

ler, boire, manger et même embrasser ! Lugubres donc, mais tournés vers le jeu et l'amour… Ce costume, riche, était en principe réservé aux nobles, mais tout le monde finit par en abuser. La *bauta* était présente au théâtre, dans les cafés, aux fêtes. Elle était même autorisée pendant des périodes extérieures au carnaval. C'était le déguisement préféré pour les rendez-vous amoureux. Casanova l'utilise souvent pour aller rendre visite à ses maîtresses, nonnes au couvent de Murano, et qu'il partage avec l'ambassadeur de France à Venise, le cardinal de Bernis.

Donc la dame de notre tableau, qui est sortie en *bauta* mais sans le masque blanc, n'a pas peur d'être reconnue. Peut-être même a-t-elle relevé son masque et l'a-t-elle coincé sur son chapeau, geste familier attesté par d'autres tableaux, ce qui expliquerait le petit éclat blanc qu'on voit à gauche du tricorne. Elle est maquillée, très blanche, les lèvres rougies, elle porte une mouche à la pommette gauche. Elle s'apprête à déplier son éventail pour se ventiler les narines : l'odeur de ménagerie doit être forte. Peut-être est-elle avec son mari, l'homme en perruque, plus attentif au discours du bonimenteur qu'à ce qui se passe près de lui. Un troisième larron, un soupirant, s'est approché tout près d'elle et, penché, lui murmure quelque chose à l'oreille. Compliment ? Galanterie ? Rendez-vous ?

Derrière, la mère, avec son *nizzioletto*, le châle dans lequel on pouvait s'envelopper entièrement le buste et le visage, veille sur ses deux filles. L'aînée porte la *moretta*. C'est le masque des filles du peuple, et même les hommes le portaient parfois. Les dames

de la noblesse l'aimaient aussi parce qu'il mettait en valeur le «blond vénitien» des cheveux, couleur obtenue à grand renfort de décolorations à l'eau oxygénée et d'expositions au soleil. La *moretta* était appréciée parce qu'elle ne tenait que par un petit bouton situé à l'intérieur à hauteur de la bouche. Il fallait donc la saisir avec les dents et les lèvres, ce qui rendait muet. Situation intéressante, génératrice de délicieux quiproquos, de mimiques comiques, de scènes scabreuses. La mère a retiré sa *moretta*, qu'elle tient à la main, signe qu'elle a parlé ou qu'elle va parler à ses filles. L'aînée est muette, mais elle laisse parler ses appas, sans doute avec l'assentiment de sa mère, puisqu'elle ne porte pas le *nizzioletto* et, au contraire, expose généreusement sa gorge. Elle est bonne à marier : peut-être que la promenade à la foire sera l'occasion de faire des rencontres.

Et de son petit panier, les oiseaux ne risquent pas de s'envoler : ce sont des *colombine*, des brioches pascales en forme de colombes et recouvertes d'une couche de sucre blanc. Ce qui nous permet de dater encore plus précisément la scène. Nous sommes à la fin du carnaval qui, à Venise, avait fini par durer près de six mois, d'octobre au mercredi des Cendres ! Et aussi de remarquer encore une nouvelle opposition ironique : à la paille grossière et souillée du lourd animal noir et terrestre, répond la jolie paille propre des *colombine* blanches, légères et aériennes…

... une position intermédiaire, celle des philosophes et des artistes...

Reste un personnage. Il est bien habillé. Il est dans le rang des aristocrates, mais c'est un bourgeois. Il a une petite perruque sous son chapeau. Il est très jeune. Ce pourrait être Alessandro, le fils de Pietro Longhi. Il est né en 1733. Il a donc dix-huit ans. Il sera un peintre estimé lui aussi, bon portraitiste de la grande bourgeoisie vénitienne de la fin du XVIIIᵉ siècle. Son père, qui l'a en permanence sous la main comme modèle, le représentera dans plusieurs de ses scènes vénitiennes : ses traits vieillissent à mesure que passent les années. Placer là ce personnage qui n'est ni du peuple ni de la noblesse, c'est une façon discrète pour le peintre de reprendre, sans le savoir, un vieux débat inauguré deux millénaires plus tôt par les dialogues de Platon. En dehors des nobles et des gens du peuple, c'est-à-dire, pour parler grec, des maîtres et des esclaves, y a-t-il une position intermédiaire et non compromettante, par exemple, celle des philosophes et des artistes ? S'il doit le penser en secret, Longhi ne le proclame pas. Pas plus que Voltaire qui place à Venise un personnage ambigu, un noble qui a tout pour être heureux, comme on dit, mais qui est las de ce tout. Quoi qu'il en soit, pour Longhi comme pour beaucoup d'autres de ses concitoyens — Tiepolo, Canaletto, Casanova, le cardinal de Bernis... —, Venise était alors sans aucun doute « *le meilleur des mondes possibles* ».

Le texte

en perspective

Alain Sandrier

Mouvement littéraire

Les Lumières et l'Europe

VOLTAIRE NAÎT EN 1694, il meurt en 1778 : sa vie coïncide plus que celle d'aucun autre auteur avec le mouvement séculaire. À tous égards, dans l'histoire de la littérature et des idées, Voltaire est l'incarnation du XVIII[e] siècle. Diderot et Rousseau ne se font connaître qu'au midi du siècle : seul Voltaire parcourt dans sa presque intégralité ce que l'histoire des idées a appelé le mouvement des « Lumières ».

« Lumières » : le phénomène est plus que français, européen. Le terme existe dans toutes les langues (*Enlightenment, Aufklärung,* etc.) pour désigner à chaque fois, mais avec des nuances culturelles, le mouvement par lequel la réflexion s'émancipe de la tutelle religieuse dans les diverses sociétés européennes du XVIII[e] siècle. La laïcisation des esprits doit anticiper celle des États : c'est l'affirmation d'une pensée autonome sur le devenir de l'homme en société contre le monopole de la pensée religieuse dans tout débat d'idées. L'homme est mûr désormais pour oser se servir de sa raison. C'est l'âge, donc, où le regard se pose sur l'homme, et ne se tourne plus nécessairement

vers le ciel. Cette inflexion nouvelle est encore plus accusée en terre catholique. Le salut de l'homme ne réside plus seulement dans l'autre monde, comme le martelait le siècle classique, il s'installe au cœur de sa vie et de ses possibilités de bonheur.

L'idéologie du progrès trouve ici ses racines : la raison se développe contre toutes les formes d'autorité et de perversion de la faculté de penser. Sa diffusion s'accompagne inéluctablement de découvertes (intellectuelles, scientifiques, morales, politiques) propres à améliorer indéfiniment les conditions de vie de l'homme. Condorcet, l'ancien protégé de d'Alembert (le directeur, avec Diderot, de l'*Encyclopédie*), le rappellera avec énergie, en guise de testament, dans son *Esquisse d'un tableau historique des progrès de l'esprit humain*, avant que la Révolution ne sanctionne son utopie en lui coupant la tête. Avant lui, Voltaire, l'ami de d'Alembert, qu'il tient pour le plus éminent représentant des philosophes de la capitale, avait agacé le pouvoir en mettant en vers cette nouvelle éthique où l'assurance rationnelle invite l'homme à se libérer du carcan moral imposé par la religion. C'était *Le mondain*, en 1736, poème de l'euphorie des Lumières naissantes. Avec son ouverture tonitruante :

Regrettera qui veut le bon vieux temps,
[...]
Moi, je rends grâce à la Nature sage,
Qui, pour mon bien, m'a fait naître en cet âge
tant décrié par nos pauvres docteurs :
Ce temps profane est tout fait pour mes mœurs.

L'homme se sentait mieux sur terre : il croirait possible d'en faire un paradis (le dernier vers est : « Le paradis terrestre est où je suis ») si on ne s'évertuait pas à en faire un enfer. Même un tremblement de terre, vingt ans plus tard, quand les Lumières triomphent, ne fera pas bouger Voltaire, jusqu'à la fin de sa vie, de cette position fondatrice. L'euphorie, entre-temps, aura cédé la place à une sagesse résignée mais rieuse. Car la raison, avec Voltaire, ne peut jamais manquer d'esprit.

1.
Des Lumières naissantes
aux Lumières triomphantes :
le rôle de Voltaire

Les Lumières, c'est donc un mouvement d'idées, un âge de l'histoire de la philosophie, certains diront une idéologie ; plus certainement, c'est une histoire. Qui a sa « préhistoire » et ses scansions. Trois moments s'isolent, marquant chacun un degré dans la libération de toutes les tutelles, en particulier la tutelle religieuse : un temps de crise jusqu'en 1715, une période de développement souterrain, enfin l'euphorie philosophique à partir de 1750. La nouveauté de l'un à l'autre réside essentiellement dans les moyens que se sont donnés les penseurs pour diffuser leurs idées. Le mouvement des Lumières est autant la période où la raison s'affirme que celle où elle prend conscience de son rôle dans

la construction d'une « opinion publique ». Grand connaisseur de toutes les ficelles de l'édition, de la plus officielle à la plus clandestine, quand elle n'est pas de contrebande, Voltaire est le révélateur de cette dimension importante et parfois négligée du combat des Lumières.

1. *Archéologie des Lumières : temps de crise*

S'il faut un début, on le cherchera dans cette période s'étendant de 1685 à 1715. Pour la France, elle a l'avantage de coïncider avec la seconde moitié du règne de Louis XIV. Et c'est contre cet interminable crépuscule du Roi-Soleil que les Lumières se construisent. Cela concerne avant tout la pensée politique, philosophique et morale. Pour le reste, le classicisme prospère : l'esthétique classique, véritable doctrine, est aussi contestée dans la pratique des lettres du XVIIIe siècle que révérée comme outil culturel. N'oublions pas que Voltaire de son vivant est avant tout le grand dramaturge classique, digne héritier de Racine. Le parallèle surprend de nos jours, mais Voltaire le revendique. Son *Siècle de Louis XIV* (1753, nouvelle édition en 1768) rappelle à Louis XV la médiocrité de sa politique culturelle, et souligne le poids d'un héritage magnifié.

Néanmoins, il y a une ombre dans le monde des lettres de Louis XIV, et Voltaire le sait bien : la révocation de l'Édit de Nantes en 1685 marque le début d'une ère de restriction de la pensée et de montée de l'intolérance religieuse. On peut y ajouter les guerres. Les « soi-disant Réformés », selon l'expres-

sion du temps, sont désormais *persona non grata* sur
une terre qui se prétend toute catholique. Dans son
Siècle de Louis XIV, Voltaire crie à la fuite des cerveaux
et à l'étroitesse d'esprit de la cour. La libre pensée
s'échappe : pour quelques décennies, le vent de la
réflexion sans entrave souffle du nord. C'est une
constante des Lumières : tolérance politique et reli-
gieuse, à fondement protestant souvent, et esprit
d'entreprise sont au bénéfice du Nord. Le constat
perdure jusqu'au milieu du siècle, incluant même la
lointaine et quasi « orientale » Russie, dirigée depuis
peu par une reine amie des philosophes français,
Catherine II. Elle recueillera la bibliothèque de Vol-
taire à sa mort après avoir constitué celle de Diderot
qu'elle invite à visiter ses États. Un peu avant, et avec
le même sens de la publicité, Frédéric II, le roi
de Prusse à la fois militaire redoutable et homme
de lettres de langue française, abrite Voltaire pour
se brouiller finalement avec lui. C'est donc à Cathe-
rine II que Voltaire écrira en 1767, avec conviction,
et un peu de flatterie aussi en bout de course :

> Un temps viendra, Madame, je le dis toujours, où
> toute la lumière nous viendra du nord. Votre
> Majesté Impériale a beau dire, je vous fais étoile, et
> vous demeurerez étoile.

2. *Trinité nordique*

Le Nord, donc : Amsterdam au XVII^e siècle est un
asile. Les communautés religieuses se côtoient aux
Pays-Bas comme dans nulle autre nation. Le pays est
même devenu « le Refuge », le lieu d'exil d'une
grande partie des huguenots, ces protestants fran-

çais chassés par la volonté royale. Parmi eux, le penseur le plus délié et pugnace, le polémiste le plus acharné et, ne l'oublions pas non plus, le théologien protestant le plus retors : Pierre Bayle (1647-1706). Il doit quitter la France et s'installe en Hollande, touché jusque dans sa famille par la violence de la répression des autorités françaises. L'homme est meurtri, mais d'une combativité inentamée, sans doute même ravivée. Il sème sur son chemin vers l'exil un brûlot philosophique : ses *Pensées diverses sur la comète* (1683) lui aliènent les orthodoxes de toutes confessions (y compris au sein de la communauté protestante, très divisée) mais font les délices de ceux qui veulent poser les questions jusqu'à leur terme. Bayle émet l'hypothèse fameuse, que toutes les Lumières discuteront, selon laquelle une société d'athées est viable, si ce n'est meilleure, que les sociétés existantes. Déjà un «meilleur monde possible», sans religion ni Dieu, qui fait scandale. On s'émeut, on s'inquiète, on réfute ; le débat est lancé : pour défendre des attaques l'œuvre de sa vie, *De l'esprit des lois* (1748), Montesquieu (1689-1755) ne croira pas inutile de le poursuivre encore et de se démarquer de cette hypothèse d'école. Dans l'intervalle, tout le monde sera venu s'abreuver à cette source prodigieuse de connaissances hétérodoxes, d'exercice passionné de la réflexion. Voltaire comme les autres, et parfois plus que les autres, y puise abondamment. Le *Dictionnaire historique et critique,* en particulier, est devenu le manuel de la libre pensée : le style et la manière y sont. Pour la refonte des catégories de pensée, l'impulsion vient d'Angleterre.

John Locke (1632-1704) publie son *Essay concerning human understanding* en 1690. Dès 1700, il est traduit en français sous le titre d'*Essai philosophique concernant l'entendement humain,* puis réédité de nombreuses fois. Dans sa bataille contre les idées innées de Descartes, Locke taille au rationalisme une nouvelle silhouette : la vérité est d'expérience et de discours parce que les idées viennent de la sensation et sont véhiculées par le langage. L'intellect est une page blanche qui s'instruit par l'expérience : raison pour regarder de près nos catégories de pensée. Nous ne touchons pas la réalité des choses, mais seulement leur représentation vraie. Celle-ci est le fruit d'une faculté de jugement qui nous sert avant tout à nous conserver. Par contrecoup, on soupçonne fort la « métaphysique », la science des causes premières (qui viennent donc avant les causes physiques, traditionnellement appelées « secondes »), de ne bâtir que sur des idées vides de sens parce qu'elles ne sont rattachées à aucune vérité d'expérience. La leçon plaît : elle soumet les métaphysiques classiques à un régime sévère qui les laisse exsangues. C'est le disciple français le plus rigoureux, Condillac, qui ruinera au nom des philosophes les « romans métaphysiques » (ainsi aime à les appeler Voltaire) du siècle précédent : il publie en 1749 le *Traité des systèmes.* Y sont disqualifiés les questions trop absconses, en particulier celle du mal, et les systèmes présomptueux. La leçon de la science véritable est plus modeste, telle que Condillac la résume dans son *Traité* :

> Aujourd'hui quelques physiciens, les chimistes en particulier, s'attachent uniquement à recueillir des phénomènes, parce qu'ils ont reconnu qu'il faut

embrasser les effets de la nature, et en découvrir la dépendance mutuelle, avant de poser des principes qui les expliquent.

À mettre les principes avant les phénomènes, on tombe dans la fiction : Voltaire, dix ans plus tard, fera logiquement un conte de cette attitude. C'est *Candide*.

Le Nord toujours : si la science expérimentale est l'avenir de la raison, selon Condillac et avec lui tous les philosophes des Lumières, elle a son prophète en la personne d'Isaac Newton (1642-1727). La promotion de la démarche expérimentale fait feu de tout bois, les États mêmes sont de la partie : en Angleterre la Royal Society, en France l'Académie royale des Sciences. Fontenelle, qui en est le secrétaire perpétuel, vulgarise l'astronomie dès 1686 dans ses *Entretiens sur la pluralité des mondes*, tandis que sa longévité lui permet de suivre les avancées scientifiques en ce domaine. La chimie se développe aussi, ne trouvant cependant ses concepts qu'à la fin du siècle avec la séparation de l'hydrogène et de l'oxygène par Lavoisier. Mais les grands bénéficiaires sont les sciences de la vie : on est en admiration devant la précision de l'organisation de la matière concourant à la vie. Voltaire est en extase devant la description des insectes par Réaumur. Buffon (1707-1788) écrit la monumentale *Histoire naturelle*, somme des Lumières naturalistes. Elle compte trente-six volumes, publiés de 1749 à sa mort.

3. *Le travail souterrain des Lumières*

Dès 1700 donc, toutes les armes conceptuelles sont déjà là pour aborder le monde avec un regard

plus critique et moins inquiété par l'autorité et le prestige déclinants de la religion. C'est une école de formation pour le siècle naissant. Certains feront même le voyage d'Angleterre, de plein gré ou contraint : Montesquieu dans le premier cas, Voltaire dans le second en 1726. Ce que Voltaire rapporte de son périple explose comme un défi à l'orthodoxie de pensée de son pays. Les *Lettres philosophiques* de 1734, qui étaient au départ des « Lettres anglaises », mettent au premier plan les grands noms que nous avons cités. Le parallèle entre Newton et Descartes tourne à l'avantage indiscutable du premier. Affaire de démarche et de méthode : le Newton dont il nous brosse le portrait ressemble fort à l'homme pondéré qu'il voit en Locke. La treizième lettre est consacrée à ce dernier, en des termes qui donnent une première définition du « philosophe » :

> Tant de raisonneurs ayant fait le roman de l'âme, un sage est venu, qui en a fait modestement l'histoire. Locke a développé à l'homme la raison humaine, comme un excellent anatomiste explique les ressorts du corps humain. Il s'aide partout du flambeau de la physique ; il ose quelquefois parler affirmativement, mais il ose aussi douter ; au lieu de définir tout d'un coup ce que nous ne connaissons pas, il examine par degré ce que nous voulons connaître.

Le scandale causé par les *Lettres philosophiques* — cette liberté revendiquée dans les manières de penser — est le signe de la diffusion accélérée des Lumières. Elle a profité d'un changement sensible de l'atmosphère intellectuelle. La régence de Philippe d'Orléans, qui sépare la mort de Louis XIV de

la majorité de Louis XV en 1723, apparaît pour tous les contemporains comme une immense bouffée d'air frais. La chape de plomb moralisante du siècle classique craque de toutes parts, et les libertés s'insinuent dans tous les interstices de la littérature.

Mais les idées investissent aussi et surtout le monde de la fiction : façon de contourner une censure aussi ombrageuse qu'impuissante. Le roman est, dans cette première moitié du siècle, le laboratoire d'expression des idées neuves. Premier succès d'importance, dans un genre à la mode, le roman par lettres : les *Lettres persanes* de Montesquieu en 1721. L'œuvre sent suffisamment le soufre pour que cette honorable figure du parlement de Bordeaux publie anonymement son livre en Hollande. Dix ans plus tard, nouveau scandale dans le monde des lettres : l'*Histoire du chevalier des Grieux et de Manon Lescaut* de l'abbé Prévost se présente comme un roman qui peint crûment la décadence des mœurs. Cependant le chevalier, aventurier emporté par sa passion amoureuse, se fait le porte-parole des récriminations de toute une génération contre l'orthodoxie. Le monde des passions revendique sa liberté de pensée : « Il est certain que notre félicité consiste dans le plaisir », dit-il à son ami d'enfance Tiberge, étudiant en théologie.

Ce plaisir de penser librement reste le plus souvent secret et confiné. Le pouvoir veille à ce qu'aucune atteinte ne soit portée publiquement contre Dieu, le roi ou les mœurs. Vœu pieu, mais flanqué d'un arsenal répressif véritable. Le risque d'emprisonnement pour délit d'opinion n'est pas négligeable. À l'encontre des personnages en vue, l'État

préfère le bannissement. Voltaire connaît les deux. Pour autant, la « Librairie » (c'est ainsi qu'on nomme l'administration chargée du livre et en particulier de sa police) n'a ni l'envie ni les moyens de tarir toute forme d'expression critique. Quand la publicité n'est pas recherchée, elle laisse faire. Cette littérature, clandestine mais tolérée, se diffuse par voie manuscrite. On y attaque en particulier la religion, usant de toutes les perspectives critiques disponibles. Ce courant se fait donc aussi le conservatoire des témoignages anciens de contestation religieuse.

2.
Après 1750 : Voltaire, « philosophe »

Ce qui change à partir de 1750, ce sont les conditions sociales d'intégration de ce rapport nouveau au monde. Insensiblement, les mœurs évoluent. La société est devenue l'objet d'une interrogation tous azimuts sur le meilleur développement possible. La raison cherche des applications pratiques et concrètes : elle se veut utile à l'homme. On souhaite pouvoir estimer la population d'un territoire, évaluer les raisons de sa richesse. L'agriculture se mue en discipline qui vise à distinguer les causes scientifiques des meilleurs rendements, s'opposant à la démarche de pensée des savoir-faire hérités. L'économie politique naît à cette époque, particulièrement développée en Angleterre, pays dynamique économiquement. Adam Smith publie en

1776 *La richesse des nations*, bible de la vision libérale de l'économie.

On lit plus et différemment. Les bibliothèques délaissent la théologie et se remplissent de livres d'histoire. On aime les bilans de connaissances : c'est l'âge des dictionnaires, de tous formats, sur tous sujets. Voltaire épouse le mouvement. Outre sa collaboration à l'*Encyclopédie*, il subvertit le genre en publiant en 1764 son «dictionnaire portatif», ostensiblement appelé *Dictionnaire philosophique*.

Les Lumières élargissent leur assise vers le haut et vers le bas de l'échelle sociale. Les hommes de gouvernement tentent de rationaliser l'administration du royaume et se détachent d'une vision autoritaire des questions politiques. Malesherbes, le directeur de la Librairie dans les années 1750, admire Rousseau (qui l'apprécie, ainsi que la majorité des philosophes), tout en devant interdire la publication de ses livres. Quant à la noblesse, exclue de tout rôle effectif dans la gestion des affaires, elle rumine son impuissance en lisant les penseurs politiques relayant son esprit d'opposition. Inversement, une classe d'hommes à la lisière du monde des privilèges accède au domaine de la pensée, et parfois s'en empare. Si Voltaire est fils de la grande bourgeoisie, Rousseau et Diderot sont de naissance bourgeoise modeste. Le penseur des Lumières se situe dans cette zone socialement précaire où la volonté de conseiller le prince se marie à une profonde méfiance envers la tendance à l'abus dans l'exercice du pouvoir. La «République des lettres», qui se construit sur l'utopie de l'égalitarisme des têtes bien faites, se trouve en porte à faux dans les monarchies

des Lumières, à la fois archaïques et «éclairées» : le mouvement de la pensée vers une apologie progressive du modèle républicain et démocratique trouve ici son origine.

1. *Défense et illustration de la «philosophie»*

Ce sont ces éléments conjugués qui donnent tout son sens à la bataille de l'*Encyclopédie*. Le projet est soutenu par le pouvoir, qui y voit l'occasion de parrainer une entreprise éditoriale d'envergure. L'idée vient là encore d'Angleterre : il ne s'agit au départ que de traduire un dictionnaire encyclopédique anglais. Très vite l'ambition des rédacteurs déborde le modèle initial. Diderot, travailleur acharné issu de la bohème littéraire parisienne, et d'Alembert, jeune et déjà prestigieux mathématicien, sont recrutés et recrutent à leur tour des collaborateurs. Ils seront plus de deux cents. Des noms illustres, comme Voltaire ou Montesquieu ; des noms nouveaux aussi, comme Rousseau ; et, dans l'ensemble, beaucoup de scientifiques et d'administrateurs ainsi que d'infatigables gratte-papier. La parution, à partir de 1750 (elle s'étale sur vingt ans), montre une affaire entre artisanat et sens commercial. Le succès est immédiat et durable : vingt-cinq mille exemplaires sans doute, chiffre énorme pour la période. Mais succès inquiétant. Tour à tour les jansénistes et les jésuites s'émeuvent des attaques à peine voilées contre la religion. Les parlements de province somment le pouvoir royal de mettre fin à cette œuvre qui prône le renversement des fondements de l'autorité. Il obtem-

père en retirant le privilège, puis se rétracte, temporise, ne souhaitant pas une nouvelle faillite dans le monde sinistré de l'imprimerie. Dans cette incertitude, Voltaire suggère à Diderot de poursuivre le combat encyclopédique hors de France. Diderot refuse. Finalement, pour calmer le jeu, on éditera les volumes de planches avant la suite des volumes de textes.

Les institutions sont enrôlées dans la bataille : l'Académie française bascule, non sans résistance, dans la mouvance encyclopédiste. Les académies de province lancent des concours sur les grandes questions sociales : en 1750, Jean-Jacques Rousseau accède à la notoriété grâce à son *Discours sur les sciences et les arts.* Elle ne le quittera plus. Hors académies, les esprits s'échauffent et demandent d'autres formes d'engagement dans la réflexion. Ainsi fleurissent les loges maçonniques comme relais des Lumières. À mesure que les Lumières s'intensifient, elles investissent les institutions les plus proches du pouvoir. Leurs partisans, appelés «philosophes», et accusés de remettre en cause le poids de la religion dans la société, ne sont plus des marginaux des lettres. Mais du côté des «anti», la caricature est parfois rude : dans sa pièce *Les philosophes* en 1760, le jeune Palissot les présente comme de nouvelles «précieuses» et «femmes savantes», après avoir fait marcher à quatre pattes le personnage représentant Rousseau dans sa précédente pièce.

Voltaire fulmine contre Fréron, le rédacteur de l'*Année littéraire* qui a fait de la critique des philosophes sa spécialité : dans des pamphlets, il déforme le nom de son ennemi en «frelon». Quant aux phi-

losophes eux-mêmes, ils ont une haute idée de leur mission : diffuser les connaissances utiles au développement des sociétés, lutter contre les préjugés. Une véritable éthique, qui a ses marques depuis longtemps : l'*Encyclopédie* ne fait qu'élargir le cercle des prosélytes de la raison. On s'en aperçoit en lisant l'article PHILOSOPHE. Dans ce bilan réflexif, les philosophes se donnent une image flatteuse d'eux-mêmes. Pourtant rien de nouveau ici ; le texte a été écrit une génération plus tôt par Dumarsais (1676-1756), le grammairien de l'*Encyclopédie* :

> Les autres hommes sont déterminés à agir sans sentir, ni connaître les causes qui les font mouvoir, sans même songer qu'il y en ait. Le *philosophe* au contraire démêle les causes autant qu'il est en lui, et souvent même les prévient, et se livre à elles avec connaissance : c'est une horloge qui se monte, pour ainsi dire, quelquefois elle-même. [...] Le *philosophe* dans ses passions mêmes, n'agit qu'après la réflexion ; il marche la nuit mais il est précédé d'un flambeau. [...] Le *philosophe* n'est pas tellement attaché à un système, qu'il ne sente toute la force des objections. La plupart des hommes sont si fort livrés à leurs opinions, qu'ils ne prennent pas seulement la peine de pénétrer celle des autres. Le *philosophe* comprend le sentiment qu'il rejette, avec la même étendue et la même netteté qu'il entend celui qu'il adopte. [...] Le *philosophe* est donc un honnête homme qui agit en tout par raison, et qui joint à un esprit de réflexion et de justesse les mœurs et les qualités sociales. Entez un souverain sur un *philosophe* d'une telle trempe, et vous aurez un parfait souverain.

Pourtant, par delà le caractère général de ce portrait, les différences ne cessent de s'accuser entre

penseurs à mesure que la seconde moitié du siècle avance. C'est dans ces tiraillements discrets que Voltaire, malgré sa stature glorieuse de patriarche des lettres françaises, perd du terrain face à la nouvelle génération. La question religieuse et sociale en est le révélateur.

2. « *Écraser l'Infâme* » : *déisme et irréligion*

Depuis Ferney, Voltaire s'engage dans une lutte acharnée contre la religion chrétienne, avec pour slogan « Écraser l'Infâme » qui revient avec insistance dans sa correspondance. Le christianisme lui paraît entretenir la superstition et le fanatisme. Ainsi en est-il, à ses yeux, de toute religion révélée : son arrogance à prétendre détenir seule la parole authentique de Dieu fait nécessairement de ses adeptes des êtres portés à rejeter tout ce que la révélation ignore, y compris la raison. Il multiplie les pamphlets, les écrits courts, jamais sous son nom, même si les amateurs reconnaissent aisément la « pâte de Ferney ». Il mobilise tous les genres aussi : romans édifiants et contes philosophiques (*L'ingénu*, 1767 ; *L'homme aux quarante écus*, 1768 ; *Histoire de Jenni ou l'athée et le sage*, 1775) ; essais en forme de longs développements érudits ou d'articles spirituels, innervés souvent par des dialogues à décor exotique (*Dialogues entre Lucrèce et Posidonius*, 1756 ; *Le philosophe ignorant*, 1766 ; *Il faut prendre un parti ou le principe d'action*, 1772). De cette production pléthorique se distingue incontestablement le *Dictionnaire philosophique*, paru en 1764. La critique religieuse est partout présente : elle voile à peine

une défense du déisme comme seule religion acceptable (le déisme est, au sens voltairien du terme, la croyance en une puissance infinie, qui a créé toute chose, et dont les commandements sont accessibles à l'homme par la raison). La place de la « philosophie » est particulièrement soulignée, comme dans l'article FANATISME où les religions (on notera la mise en valeur de la religion catholique par le choix des exemples) semblent devoir toujours verser dans les pires excès. La métaphore médicale est filée :

> Le fanatisme est à la superstition ce que le transport est à la fièvre, ce que la rage est à la colère. Celui qui a des extases, qui prend des songes pour des réalités, et ses imaginations pour des prophéties, est un enthousiaste ; celui qui soutient sa folie par le meurtre est un fanatique. [...] Le plus détestable exemple de fanatisme est celui des bourgeois de Paris qui coururent assassiner, égorger, jeter par la fenêtre, mettre en pièces, la nuit de la Saint-Barthelémy, leurs concitoyens qui n'allaient pas à la messe. Il n'y a d'autre remède à cette maladie épidémique que l'esprit philosophique, qui, répandu de proche en proche, adoucit enfin les mœurs des hommes, et qui prévient les accès du mal ; car dès que ce mal fait des progrès, il faut fuir et attendre que l'air soit purifié. [...] Que répondre à un homme qui vous dit qu'il aime mieux obéir à Dieu qu'aux hommes, et qui, en conséquence, est sûr de mériter le ciel en vous égorgeant ?

Les opposants de l'époque auront tôt fait de considérer Voltaire comme retors à toute forme de religion, à tort. La foi de Voltaire s'affirme, à mesure qu'il avance en âge. Il ne méconnaît pas la beauté d'une religiosité simple pour les masses. Mais sa préoccupation immédiate n'est pas là : il convient

avant tout, selon lui, de débarrasser les affaires d'État des tensions religieuses. Et cette impulsion ne peut venir que par le haut : le pouvoir doit donner l'exemple. Le versant pratique de cette vision se traduit dans sa lutte contre tous les bûchers, prélude à la tolérance que doit assurer l'État. Il s'illustre par sa campagne active de réhabilitation de Pierre Paul Sirven et Jean Calas, deux protestants dont il fait les victimes de la haine religieuse catholique.

Ce combat lui inspire son *Traité sur la tolérance à l'occasion de la mort de Jean Calas* en 1763, monument de la cause philosophique et prototype de l'engagement de l'« intellectuel ». Voltaire manifeste un courage certain et une opiniâtreté dans l'action. Son sens de l'entregent en haut lieu s'avère aussi important que celui de la mise en scène de l'opinion publique. Voltaire pense avoir choisi la bonne voie : le mouvement du siècle semble lui donner raison. Ainsi les jésuites sont expulsés de tous les pays d'Europe catholique au cours des années 1760. Voltaire applaudit.

Mais il se fait doubler sur sa gauche par des pensées plus radicales, en même temps que le sentiment religieux évolue. Dans l'orbite rationaliste, la tentation à présent est à l'athéisme. La tradition athée est ancienne mais souterraine. En approchant de la fin du siècle, elle ose rechercher la publicité. Quelques essais surgissent comme des bombes, en particulier, le *Système de la nature*, en 1770, écrit secrètement par le baron d'Holbach, un proche de Diderot. La parution de cet ouvrage embarrasse Voltaire dans sa critique de la religion : les apologistes font l'amalgame à dessein entre l'athéisme et toute critique de la reli-

gion catholique en tant que religion révélée. Aussi
Voltaire doit-il ostensiblement se démarquer des
thèses les plus radicales. C'est dans cet esprit qu'il
écrit en 1769 l'*Épître à l'auteur du livre des trois Impos-
teurs* (le *Traité des trois Imposteurs* — c'est-à-dire Moïse,
Mahomet et Jésus — est un manuscrit clandestin
auquel l'imprimerie clandestine apporte une
audience nouvelle) où il soutient que « si Dieu
n'existait pas, il faudrait l'inventer ».

En outre, Voltaire s'agace du succès de Rousseau.
Cette âme peu « sociable » qu'est le Genevois préfère
le témoignage du sens intime pour établir la validité
de sa foi. Nouvel obscurantisme, nouvelle défaite
de la raison pour Voltaire. Et ne parlons pas de la
théorie sociale de Rousseau, fondée sur l'idée d'éga-
lité de contrat et de participation directe : le mythe
rousseauiste de la bonté de l'humanité primitive (le
« bon sauvage ») s'oppose frontalement à la concep-
tion de Voltaire pour qui les progrès des arts et des
sciences sont un gage d'épanouissement. Le pire
étant que Rousseau s'exprime avec éloquence : si la
prose du *Discours sur l'origine et les fondements de l'iné-
galité* (1755) n'atteint pas tous les esprits, la péda-
gogie sensible de *La Nouvelle Héloïse* (1761) ou de
l'*Émile* (1762) touche toutes les âmes. Voltaire, peu
convaincu, critique le manque de goût de l'écriture
du Genevois. Ce dernier se voit surtout heurté dans
son sens des hiérarchies sociales : on peut certes
espérer les réformer, mais il est dangereux de vou-
loir les abolir.

Rousseau incarne une nouvelle sensibilité qui est
en porte à faux avec l'esprit officiel des Lumières.
Il se drape dans la pose de l'incompris en essuyant

une avalanche de pamphlets où Voltaire a sa part, pas la plus remarquable. Si l'incompréhension est radicale, montrant l'éclatement du spectre philosophique des Lumières à la fin du siècle, la Révolution incorporera intégralement, quoique successivement, le double héritage en mettant les deux frères ennemis, Voltaire et Rousseau, au Panthéon.

Pour prolonger la réflexion

Keith M. Baker, *Au tribunal de l'opinion. Essais sur l'imagination politique au XVIIIᵉ siècle*, Paris, Payot, 1993.

Miguel Benitez, *La face cachée des Lumières. Recherches sur les manuscrits clandestins de l'âge classique*, Paris-Oxford, Universitas-Voltaire Foundation, 1996.

Ernst Cassirer, *La philosophie des Lumières*, Paris, Fayard, 1990.

Pierre Chaunu, *La civilisation de l'Europe des Lumières*, Paris, Arthaud, 1993.

Marie-Hélène Cotoni, *L'exégèse du Nouveau Testament dans la philosophie française du XVIIIᵉ siècle*, Oxford, Voltaire Foundation, 1984.

Michel Delon et Pierre Malandain, *Littérature française du XVIIIᵉ siècle*, Paris, PUF, 1996.

Jean Ehrard, *L'idée de nature en France dans la première moitié du XVIIIᵉ siècle*, Paris, Albin Michel, 1994.

Bernard Grœthuysen, *L'origine de l'esprit bourgeois en France*, Paris, Gallimard, 1977.

Paul Hazard, *La crise de la conscience européenne (1685-1715)*, Paris, Fayard, 1961.

Philippe Jouttard (dir.), *Histoire de la France religieuse*, t. III : *Du Roi Très-Chrétien à la laïcité républicaine*, Paris, Seuil, 1991.

Henri-Jean Martin et Roger Chartier, *Histoire de l'édition française*, t. III : *Le livre triomphant*, Paris, Promodis, 1984.

François Moureau, *L'Encyclopédie*, Paris, Gallimard, coll. « Découvertes », 1990.

René POMEAU, *La religion de Voltaire*, Paris, Nizet, 1969.
Daniel ROCHE, *Les Républicains des Lettres. Gens de culture et Lumières au XVIIIᵉ siècle*, Paris, Fayard, 1988.
Jacques ROGER, *Les sciences de la vie au XVIIIᵉ siècle*, Paris, Armand Colin, 1971.

Genre et registre

Littérature de combat,
le conte clandestin

VOLTAIRE, EN HOMME des Lumières, le sait bien :
le mythe n'acquiert sa stature d'œuvre intemporelle
que parce qu'il a effacé les traces de son origine,
parce qu'il a réussi à faire oublier ses conditions de
production. Il en est de même avec *Candide*, mythe
littéraire s'il en est, au point qu'on identifie souvent
Voltaire à cette seule œuvre. Sans être négligeable,
Candide n'a cependant qu'une place marginale dans
l'économie des œuvres de Voltaire : une centaine de
pages au regard des quelques dizaines de milliers des
autres ouvrages, auxquels on peut ajouter plus de
vingt mille lettres… Il faut donc dépasser le mythe,
sans pour autant oublier ce qui fait de ce conte un
« classique », dont le succès fut aussi immédiat que
durable : car *Candide* est indéniablement un concen-
tré d'expériences personnelles intenses à portée uni-
verselle. Par quoi il continue de faire que nous nous
reconnaissons en lui. La partie n'était pourtant pas
gagnée d'avance : *Candide* devait surmonter deux
obstacles majeurs, celui d'être un conte, et celui
d'être un ouvrage clandestin. Mais Voltaire est par-
venu à en faire deux armes critiques, dont l'effi-

cacité, quoique peu perceptible à notre regard moderne, est toujours sensible.

1.

L'émergence du « conte philosophique » voltairien

Voltaire ne lie son image d'écrivain au conte que tardivement, quand il a plus de cinquante ans. Il est certain qu'au départ le conte n'est pas considéré par son auteur comme une forme littéraire qui puisse rivaliser avec les autres productions de sa plume. Voltaire entend s'illustrer dans les grands genres, dans les genres nobles, que ce soit l'histoire ou le théâtre : manière pour lui de s'inscrire dans une tradition d'écriture prestigieuse tout en en redessinant les contours. Le conte est tout d'abord un divertissement, une entreprise peu contraignante qu'il pratique en particulier pour le délassement et l'amusement des cercles qu'il côtoie ou qu'il crée autour de lui. Ses premiers contes d'ailleurs n'ont pas vocation à être publiés : *Le crocheteur borgne*, un des premiers contes écrits par Voltaire, fut probablement composé vers 1715 et ne sera publié que soixante ans plus tard. C'est seulement à partir de *Zadig ou la Destinée* (1747) que le conte devient digne de rechercher la publicité.

Qu'on ne cède pas pour autant à la légende d'une écriture désinvolte et facile, à celle du génie qui écrit au fil de la plume sans réflexion sur la portée de ces

ouvrages d'apparence futile. La genèse de *Candide* par exemple, les nombreuses retouches et récritures que subit le conte, suffisent à prouver l'attention grandissante que Voltaire accorde à ce genre jusqu'à en faire une pièce non négligeable de son arsenal littéraire. Il est convaincu de son efficacité dans l'action de sape des préjugés qu'il veut mener. Mais pour arriver à ce degré d'accomplissement, il aura fallu tirer parti du flou esthétique et de l'ambiguïté morale qui entoure le conte.

1. *Le conte, genre insaisissable*

Le terme de « conte » lui-même souffre d'un manque de définition précise. Si l'on regarde les dictionnaires du temps, quand bien même on laisse de côté le « conte populaire » hors du domaine esthétique, le mot ne se comprend que par référence à la « fable », à la « nouvelle » et au « roman », dont les identités sont elles-mêmes loin d'être fixées. Schématiquement, on peut dire que le conte est un récit court (contrairement au roman), qui plaît plus qu'il n'instruit (contrairement à la fable) sans avoir de portée morale nécessaire (à l'instar du roman). En fait, les traits déterminants portent sur l'écriture : un conte est une fiction dont l'essentiel de l'intérêt réside dans le style.

Quand Voltaire s'en empare, le conte trouve donc malaisément une place dans l'esthétique classique — qui le regarde avec suspicion, malgré le prestige des *Contes* de Perrault. L'attrait pour le merveilleux, caractéristique du conte, compose difficilement avec le principe classique de vraisemblance. Que les évé-

nements narrés paraissent réels ou non aux yeux du lecteur, le conte, de toute façon, souligne la fiction au lieu de l'effacer. De même, qu'il soit en vers (dans la lignée des *Contes* de La Fontaine) ou en prose, l'écriture du conte respecte peu l'uniformité de registre préconisée par le classicisme : il échappe au canon du beau comme mesure harmonieuse, et s'évade toujours des conventions stylistiques, par le mélange des registres et l'usage de la parodie et de l'ironie. Voltaire investit donc un genre qui se joue des règles, et pousse à terme cette logique d'émancipation doctrinale. Il en fera le genre par excellence du décalage et de l'interrogation sur la valeur de la fiction : la mode même du conte, relancée au XVIIIᵉ siècle par la traduction des *Mille et Une Nuits*, est largement le fruit d'un regard réflexif sur un genre qui a perdu toute crédibilité littéraire, et qu'on ne considère qu'au second degré, comme un objet culturel en déclin. Le conte est une « fable » réjouissante à laquelle on ne peut plus croire : Voltaire, qui a récupéré cette mode et contribue à l'entretenir, en tire toutes les conséquences.

2. *La critique de la « fable »*

Car c'est par la « fable » que l'histoire du « conte » commence. La fable est l'ancêtre du conte, historiquement et socialement : c'est un récit fabuleux qui a pour vocation de répondre aux questions insolubles que se posent les sociétés au stade primitif de leur développement. La fable est un genre littéraire archaïque qui témoigne des efforts pour expliquer le monde quand la raison est encore dans l'enfance. Le

conte n'est que le rejeton de la fable à une époque où l'on n'y adhère plus. Voltaire précise lui-même la transition de la fable au conte, en évoquant, dans *Il faut prendre un parti ou le principe d'action* (1772), les « romans inventés pour deviner l'origine du mal » :

> De cent peuples qui ont recherché la cause du mal physique et moral, les Indiens sont les premiers dont nous connaissons les imaginations romanesques. Elles sont sublimes, si le mot sublime veut dire *haut*, car le mal, selon les anciens brahmanes, vient d'une querelle arrivée autrefois dans le plus haut des cieux, entre les anges fidèles et les anges jaloux. Les rebelles furent précipités du ciel dans l'Ondéra pour des milliards de siècles. Mais le grand Être leur fit grâce au bout de quelque mille ans : on les fit hommes, et ils apportèrent sur la terre le mal qu'ils avaient fait naître dans l'empyrée. Nous avons rapporté ailleurs avec étendue cette antique fable.
>
> Elle fut imitée avec esprit chez les nations ingénieuses, et avec grossièreté chez les barbares. Rien n'est plus spirituel et plus agréable, en effet, que le conte de Pandore et sa boîte. [...] Cette boîte de Pandore, en contenant tous les maux qui en sont sortis, semble aussi renfermer tous les charmes des allusions les plus frappantes à la fois et les plus délicates. Rien n'est plus enchanteur que cette origine de nos souffrances. Mais il y a quelque chose de bien plus estimable encore dans l'histoire de cette Pandore. Il y a un mérite extrême dont il me semble qu'on n'a point parlé, c'est qu'il ne fut jamais ordonné d'y croire.

On passe ainsi d'un rôle social à un statut simplement culturel (pour Voltaire, la Bible est un tissu de contes). Mais les caractéristiques sont les mêmes dans les deux genres : on y refuse une vision histo

rique des choses, on se laisse porter par l'imagination. On refuse le fait et l'expérience : c'est donc, pris péjorativement, la trace d'une crédulité ancestrale qui préfère l'erreur à la raison. Le conte finalement participe du préjugé.

3. *La relève philosophique*

Néanmoins, si la fable et le conte partagent les défauts d'un mode inabouti ou perverti de la raison, ils témoignent aussi de l'impulsion fondamentale de l'homme à expliquer le monde dans lequel il vit. Il convient de preserver cet élan de l'esprit de l'homme vers ce dont il veut rendre raison. C'est ce que fait le conte, justement, qui reproduit le mouvement de l'esprit confronté à ce qui le dépasse : il mime l'effort de la réflexion. Aussi la fable privilégie-t-elle une figure, l'allégorie : cette personnification des éléments naturels est la traduction littéraire de l'intuition rationnelle. Voltaire s'explique sur ce phénomène dans l'article FABLES du *Dictionnaire philosophique* (1764) :

> Les plus anciennes fables ne sont-elles pas visiblement allégoriques ? [...] L'ancienne fable de Vénus, telle qu'elle est rapportée dans Hésiode, n'est-elle pas une allégorie de la nature entière ? Les parties de la génération sont tombées de l'Éther sur le rivage de la mer ; Vénus naît de cette écume précieuse ; son premier nom est celui d'amante de la génération : y a-t-il une image plus sensible ? Cette Vénus est la déesse de la beauté ; la beauté cesse d'être aimable si elle marche sans les grâces ; la beauté fait naître l'amour ; l'amour a des traits qui percent les cœurs ; il porte un bandeau qui cache les défauts de ce qu'on aime.

> Il est impossible de ne pas reconnaître dans ces fables une peinture vivante de la nature entière. La plupart des autres fables sont ou la corruption des histoires anciennes, ou le caprice de l'imagination. Il en est des anciennes fables comme de nos contes modernes : il y en a de moraux, qui sont charmants ; il y en a qui sont insipides.

Le conte nous ramène par là même aux premiers modes d'élaboration des idées selon la conception héritée de Locke. Le conte suit une démarche identique à celle de l'esprit qui part de la chose perçue pour aboutir à sa représentation abstraite. Il est encore proche d'une vision immédiate de la réalité. Ceci explique le rôle important qu'y joue l'image : il nous met sous les yeux la chose même, laissant à la philosophie et à la science une vision du monde médiatisée par les concepts.

Incidemment, le conte permet de révéler une perversion de la raison dont la philosophie est coutumière : l'esprit surestime ses capacités et croit pouvoir parcourir le chemin de la réflexion en sens inverse, c'est-à-dire partir de l'abstraction pour retrouver les choses. C'est le cas, en particulier, des « systèmes » métaphysiques : Voltaire en fera donc naturellement l'objet polémique du conte. Si bien qu'au fur et à mesure de son développement, le conte voltairien changera de cible : alors qu'il est tout d'abord le lieu d'interrogation de l'homme sur son destin à travers un voyage à vocation philosophique, il devient le lieu de disqualification des systèmes trop arrogants auxquels on oppose l'empathie avec l'humanité souffrante. *Candide* constitue le point d'équilibre entre ces deux perspectives.

Si l'on résume le trajet critique que Voltaire fait parcourir à la notion de conte, on peut dire que le conte est philosophique en ceci qu'il met en œuvre la démarche philosophique à l'origine de toute fable *et* qu'il montre la part de fable des constructions philosophiques. C'est dire si le conte voltairien est, au sens fort, « spirituel » : il montre de l'esprit. Le rire qu'il déclenche n'est d'ailleurs pas sans profondeur : à côté de la verve simplement comique, traduisant une franche adhésion à la vie, il y a aussi cet humour noir, cette exaspération parodique des malheurs de l'humanité, dont *Candide* donne de nombreux exemples. La philosophie de Voltaire, sa vision du monde, passe en images intenses et rieuses dans ses contes.

Pour prolonger la réflexion

Pierre CAMBOU, *Le traitement voltairien du conte*, Paris, Honoré Champion, 2000.

Jean SAREIL, *Essai sur « Candide »*, Genève, Droz, 1967.

Jean STAROBINSKI, « Le fusil à deux coups de Voltaire », in *Le remède dans le mal. Critique et légitimation de l'artifice à l'âge des Lumières*, Paris, Gallimard, 1989.

— *Roman et Lumières au XVIII* siècle, Paris, Éditions sociales, 1970.

Jacques VAN DEN HEUVEL, *Voltaire dans ses contes, de « Micromégas » à « L'ingénu »*, Paris, Armand Colin, 1967.

France VERNIER, « Les dysfonctionnements des normes du conte dans *Candide* », *Littérature*, 1971, p.15-29.

VOLTAIRE, *Romans et contes*, Paris, Gallimard, coll. « Bibliothèque de la Pléiade », éd. par Frédéric Deloffre et Jacques Van den Heuvel, 1979.

2.
Le monde de la littérature
clandestine

Une dimension du scandale causé par *Candide* nous échappe désormais : son caractère d'œuvre interdite, imprimée et diffusée clandestinement. On a du mal à se représenter qu'un conte ait eu besoin de se dérober aux autorités : tel fut pourtant bien le cas. Le monde de l'édition au XVIIIᵉ siècle est régi par le système de la censure préalable : toute œuvre doit recevoir un « privilège » qui garantit aussi bien le libraire des contrefaçons que l'État de toute atteinte à la morale, à Dieu ou aux mœurs. Ce « privilège » est accordé après lecture du livre par un censeur, spécialiste du domaine concerné. Quand l'œuvre est en délicatesse avec l'orthodoxie, dans une mesure qui paraît cependant acceptable, on ne délivre qu'une « autorisation tacite », qui accorde une tolérance d'impression et de diffusion, sans les garanties du privilège. Tout le reste n'a pas droit de cité officiellement : or ce « reste » constitue une bonne part de la production que la postérité a retenue. Pour les contemporains eux-mêmes, une œuvre clandestine n'est pas pour autant condamnée à l'oubli. C'est le paradoxe de la censure, valable aujourd'hui comme hier. Diderot le résume dans sa *Lettre sur le commerce de la librairie* (1763) : « Je vois que la proscription, plus elle est sévère, plus elle hausse le prix du livre, plus elle excite la curiosité de le lire, plus il est acheté, plus il

est lu. » *Candide* bénéficie de cet attrait pour l'interdit que le système de la censure entretient. On se délecte de cette vision du monde, radicalement iconoclaste, aussi bien par ses audaces réalistes qui choquent le bon goût (tout particulièrement, on estime certaines représentations de la femme « obscènes »), que par ses audaces de pensée qui contrarient l'orthodoxie. Le succès est phénoménal. L'œuvre est publiée en 1759 par les frères Cramer, les éditeurs suisses de Voltaire : elle se diffuse clandestinement et inonde le marché français depuis l'étranger, avant de susciter des éditions pirates par des presses clandestines installées en France même. Dès la fin de l'année, on compte plus de dix-sept éditions, et on estime la diffusion à près de vingt-cinq mille exemplaires, chiffre inouï pour l'époque. Tout le monde sait qui est l'auteur, même si l'œuvre se présente comme la traduction de l'ouvrage d'un certain « docteur Ralph ». C'est que Voltaire a su user comme aucun autre auteur des masques littéraires qui le mettent formellement à l'abri des poursuites.

1. *Voltaire (dé)masqué : le maître de la clandestinité triomphante*

Voltaire utilise en effet tout au long de sa vie la pratique de l'attribution fictive. Elle se renforce encore, quand, depuis exil de Ferney, il se lance dans le combat contre « l'Infâme ». L'anonymat recouvre une bonne part de ces productions. Mais les pseudonymes sont multiples, plus de cent soixante-cinq noms différents (ils recouvrent des usages variés allant de la réplique *ad hominem* contre

les auteurs qu'il poursuit de ses sarcasmes, comme Maupertuis, Rousseau ou Fréron, aux écrits anti-chrétiens). L'attitude de Voltaire obéit à une logique qui tente de concilier l'efficacité du combat contre le christianisme avec une prudence maximale. Le mot d'ordre est celui qu'il précise à son jeune ami et admirateur Damilaville, un soutien actif des « philosophes » à Paris, dans sa lettre du 1er décembre 1763 : « Il est sûr qu'il faut écr[aser] l'Inf[âme] mais sans se compromettre. » Cela passe par une façade orthodoxe tant du point de vue politique, en rappelant son allégeance aux rois, que religieux, quand, contre toute apparence de sincérité, Voltaire se met à communier et fait ses Pâques. Il explique ce geste à ses amis parisiens en rappelant sa position de patriarche de Ferney soucieux de ménager les pré-jugés des autorités en place quand leur contestation peut se révéler dangereuse (lettre au comte d'Argental du 22 avril 1768) :

> il n'en est pas d'un pauvre agriculteur comme de vous autres seigneurs parisiens qui en êtes quittes pour vous aller promener aux Tuileries à midi. Il faut que je rende le pain bénit en personne dans ma paroisse ; je me trouve seul de ma bande contre deux cent cinquante consciences timorées ; et quand il n'en coûte qu'une cérémonie prescrite par les lois pour les édifier, il ne faut pas s'en faire deux cent cinquante ennemis.

Derrière son allure de jeu cynique, le respect des apparences cache la prise en compte des obligations qu'implique le maintien d'une réputation qui est son meilleur rempart. Cette réputation concerne autant son personnage social que son statut d'homme de

lettres. Être membre de l'Académie française inter-
dit de commettre son nom dans la bataille antireli-
gieuse.

Mais il est vrai que les dénégations de Voltaire se
multiplient quand il sent les poursuites approcher.
Le cas est particulièrement dramatique concernant
le *Dictionnaire philosophique*. Voltaire n'est pas loin de
céder à la panique. Le même jour, le 19 octobre
1764, il écrit à ses deux philosophes parisiens,
d'Alembert et Damilaville, pour leur signifier sa
ligne de conduite : à charge, sans doute, pour eux,
de diffuser ces raisons officielles dans la capitale.
D'un côté il exprime à d'Alembert ses craintes, tout
en maintenant formellement le refus de paternité de
cette œuvre qualifiée ailleurs d'« ouvrage de Satan » :

> vous me demandez pourquoi je m'inquiète tant sur
> un livre auquel je n'ai nulle part. C'est que, par
> ordre du roi, le procureur général prépare actuelle-
> ment un réquisitoire ; c'est qu'à l'âge de soixante
> et onze ans, je suis prêt à essuyer la persécution la
> plus violente ; c'est qu'enfin je ne veux pas mourir
> d'un livre que je n'ai pas fait.

De l'autre, à Damilaville, il détaille les arguments
qui peuvent le sauver, usant sans complexe, au pas-
sage, d'une conception retorse de la vérité philoso-
phique :

> Il est clair comme le jour que l'ouvrage est de plu-
> sieurs mains et qu'on s'est servi de mon ortho-
> graphe pour me l'attribuer ; n'importe mon
> innocence ne me servira de rien. C'est toujours
> pour moi une consolation bien chère que vous me
> rendiez justice et que la voix de nos frères se joigne
> à la vôtre pour publier la vérité.

La peur de la persécution montre le jeu pervers, pour ses adeptes, de l'attribution fictive. À refuser de se nommer pour échapper aux poursuites, ou à user de noms d'emprunt, Voltaire finit par être soupçonné, à tort ou à raison, à chaque parution d'ouvrage antichrétien.

Voltaire est parfaitement conscient du dilemme propre à cette écriture. Il en montre les dangers, avec une mauvaise foi qui est aussi importante que sa lucidité. Dans une lettre du 12 mars 1759, il se défend ainsi d'être l'auteur de *Candide* :

> L'abbé Pernetti soutient toujours que j'ai fait voyager le philosophe Pangloss et Candide, mais comme je trouve cet ouvrage très contraire aux décisions de la Sorbonne et aux décrétales, je soutiens que je n'y ai aucune part.

2. *Voltaire, éditeur clandestin : le combat déiste*

Ce n'est pas sans raison que les autorités sont sur leurs gardes : outre sa volumineuse production personnelle, Voltaire a mobilisé à partir de 1760, pour son combat contre le christianisme, certaines des œuvres antireligieuses les plus fameuses de la culture manuscrite clandestine de la première moitié du siècle. Il s'en fait l'éditeur et leur donne une audience plus grande en les mettant sur le marché du livre imprimé clandestin, ce qui permet de décupler le nombre d'exemplaires disponibles. Ainsi espère-t-il changer les esprits éclairés en leur offrant ce que la critique de la religion a de plus efficace.

Il publie, entre autres, *Le Philosophe* de Dumarsais

en 1775, et surtout, en 1762, le légendaire *Testament
du curé Meslier*, manuscrit de la main même de l'au-
teur, saisi à sa mort et qui s'est diffusé dans les
cercles lettrés, par copies, à partir des années 1730.
Voltaire assure la promotion de cette œuvre inclas-
sable, fruit de la révolte d'un curé de campagne qui
ne croit plus en Dieu :

> On a imprimé en Hollande le *Testament de Jean Mes-
> lier*. Ce n'est qu'un très petit extrait du testament de
> ce curé. J'ai frémi d'horreur à la lecture. Le témoi-
> gnage d'un curé qui en mourant demande pardon
> à Dieu d'avoir enseigné le christianisme peut mettre
> un grand poids dans la balance des libertins. Je vous
> enverrai un exemplaire de ce testament de l'anté-
> christ, puisque vous voulez le réfuter. [...] Il est
> écrit avec une simplicité grossière qui par malheur
> ressemble à la candeur.

Comme il le reconnaît lui-même dans cet extrait
de la lettre du 10 février 1762 à d'Alembert, Voltaire
n'a pas publié l'intégralité de l'œuvre : il n'a retenu
que ce qui relevait de la critique sociale et textuelle
de la religion établie. Finalement, Voltaire a trans-
formé l'athéisme de Meslier en un déisme proche
du sien. Il réorientera de même *Le Philosophe* de
Dumarsais. La qualité littéraire des œuvres éditées
lui importe peu : seule compte leur intégration dans
cet immense corpus d'œuvres qui mettent à mal l'or-
thodoxie. Il en fait même des recueils, ironiquement
appelés *Évangile de la raison ou Recueil nécessaire*
(1765), dans lesquels se mélangent ses propres écrits
et les éditions qu'il assure. On peut ainsi dire que,
d'une certaine façon, *Candide* est le versant littéraire
et spirituel d'une entreprise clandestine de lutte

contre les préjugés. Son autre face, violemment anti-chrétienne, puise, quant à elle, dans une tradition souterraine d'opposition à la religion que Voltaire infléchit de force vers des positons déistes.

Pour prolonger la réflexion

Jean-Claude BOURDIN, *Les matérialistes du XVIIIe siècle* [anthologie], Paris, Petite Bibliothèque Payot, 1996.

Robert DARNTON, *Édition et sédition. L'univers de la littérature clandestine au XVIIIe siècle*, Paris, Gallimard, 1991.

Olivier FERRET, « *Vade mecum, vade retro.* Le recours au pseudonyme dans la démarche pamphlétaire voltairienne », *La Lettre clandestine*, n° 8, 1999, p. 65-82.

Henri-Jean MARTIN et Roger CHARTIER (dir.), *Histoire de l'édition française*, t. III : *Le livre triomphant*, Paris, Promodis, 1984.

Barbara DE NEGRONI, *Lectures interdites. Le travail des censeurs au XVIIIe siècle*, Paris, Albin Michel, 1995.

Jeroom VERCRUYSSE, « Voltaire et Marc-Michel Rey », *SVEC*, 1967, p. 1707-1763.

L'écrivain
à sa table de travail

La fabrique du conte

ON PEUT VOIR dans la genèse de *Candide* la chronique de la renaissance de Voltaire. Dans un nouvel horizon : l'installation aux « Délices » (1755) apporte à Voltaire le repos après des années de tribulations, notamment en Allemagne. Le paysage des montagnes suisses rappelle l'enclavement de l'Eldorado : tant le jardin de *Candide*, rehaussé du souvenir de l'Eldorado, trahit les nouveaux havres de paix de Voltaire. Avec l'acquisition de Ferney en 1759, c'est à une expérimentation que Voltaire se livre : son nouveau domaine est à la fois retraite du philosophe et société pilote des Lumières. Il applique à la petite société villageoise qu'il dirige les préceptes de sagesse et de tolérance qui se dégagent de l'œuvre. Disons schématiquement que Ferney s'inspire de l'Eldorado comme « Les Délices » inspirent le jardin de *Candide*. De ce lieu, Voltaire observe la marche du monde.

1.

Matière à conter

E t ce monde est en crise. L'atmosphère guerrière
et allemande du conte doit beaucoup à l'expé-
rience de son auteur. Frédéric II, qui a chassé Vol-
taire sans ménagement quelques années auparavant,
engage une lutte contre les plus grandes puissances
européennes : c'est la guerre de Sept Ans. On croit
à la défaite rapide du prince. Voltaire, remâchant
son humiliation, s'apprête à lui faire la leçon du phi-
losophe sur la vanité de l'esprit de conquête quand
les premières victoires prussiennes étonnent l'Eu-
rope. Au prix de combats violents, de massacres
terribles : la discipline militaire prussienne est plai-
samment caricaturée dans *Candide*, mais c'est la
cruauté de la « boucherie héroïque » que retient Vol-
taire.

Tout est en place, donc, dès décembre 1757, sans
oublier le souvenir du désastre de Lisbonne de 1755.
Candide semble avoir été ébauché dès janvier 1758.
Manque le prétexte pour en faire une œuvre : sa
visite chez l'électeur palatin pendant l'été 1758 lui
offre une tribune pour tester son conte. Il le lit à
haute voix pour divertir l'électeur, attentif aux réac-
tions, puis fait recopier la version qui lui semble la
plus réussie. L'empreinte orale de *Candide* trouve ici
sa source. De retour chez lui, Voltaire met au net son
manuscrit en trois journées de travail assidu avec son
copiste. Les trois derniers mois de 1758 sont consa-

crés aux derniers amendements avant la publication
de l'œuvre qui paraît au début de l'année suivante.

On ne saurait rien de cette genèse progressive de
l'œuvre si un témoignage précieux ne nous était
resté : le manuscrit que Voltaire soumet fin 1758 au
duc de La Vallière avant la publication de l'œuvre.
On suivra les pistes que suggèrent les versions qu'il
propose du chapitre XXII, intitulé « Ce qui arriva en
France à Candide et à Martin ». L'étude de ce cha-
pitre permet en effet de surprendre l'écrivain au tra-
vail, avec ses hésitations et ses repentirs. C'est le seul
chapitre que modifie sensiblement l'édition de 1761
(sur laquelle se fondent toutes les éditions actuelles
de *Candide*) : il y double presque sa longueur initiale.
Mais bien avant l'édition originale de 1759, le cha-
pitre XXII donne du fil à retordre à Voltaire.

2.

Un chapitre en peau d'oignon

Le travail des érudits a permis de déterminer cinq
étapes dans l'élaboration de la séquence pari-
sienne. La dernière et définitive, en 1761, compte
une dizaine de pages ; la première, non retenue
pour l'impression, à peine trois ; celle de l'édition de
1759, la quatrième, un peu plus de cinq. Au fil des
remaniements, beaucoup d'éléments s'ajoutent, des
épisodes s'étirent et certaines références à l'actualité
changent de place et de portée. Ainsi l'allusion
finale au régicide (la tentative d'assassinat de
Louis XV par Damiens), évoquée de manière voilée

dans la dernière version (« un parricide, non pas tel que celui de 1610 au mois de mai, mais tel que celui de 1594 au mois de décembre »), était-elle explicite dans la seconde, où elle faisait son apparition beaucoup plus tôt dans le récit pour expliquer le climat d'effervescence populaire dont pâtit le héros.

Surtout, l'épisode du jeu du pharaon et de la marquise de Parolignac (voir p. 94-99) est intégralement un ajout de l'édition de 1761 : la satire des mœurs et de la vie littéraire parisiennes se trouve ainsi largement amplifiée sans se concentrer uniquement sur le monde du théâtre, comme c'était le cas dans l'édition de 1759. En stigmatisant le jeu mondain, Voltaire dévie légèrement la cible critique et épargne un milieu qu'il apprécie, le théâtre (en évoquant le sort réservé à Mlle Clairon en mourant, Voltaire dénonce l'ostracisme dont sont victimes les comédiens), tout en étayant plus largement ses critiques de l'actualité littéraire et sa propre conception du bon goût littéraire (notamment, malgré l'ironie finale, à travers les paroles de l'homme « savant et de goût » avec qui Candide discute lors du souper chez la marquise de Parolignac).

<div align="center">

3.

Traces manuscrites

</div>

Mais si les versions imprimées trahissent une évolution dans l'architecture du chapitre, les premières versions manuscrites révèlent un changement profond de sa tonalité même. Le manuscrit

destiné au duc de La Vallière propose curieusement deux versions du chapitre XXII. Il nous renseigne ainsi sur les narrations possibles que Voltaire envisageait pour cet épisode.

La citation qui suit se situe au début du chapitre. Elle provient d'un stade ancien d'élaboration de l'épisode. Voltaire préférera finalement une autre introduction, dès la seconde version, très proche de celle que nous connaissons. On peut ainsi comparer ce texte avec l'ouverture du chapitre XXII, à partir du troisième paragraphe (voir p. 90) :

> Il entra par le faubourg Saint-Marceau, et crut être dans le plus vilain village de la Westphalie. Un moment après il passa près d'un cimetière ; c'étaient des cris, des hurlements horribles ; on eût dit que tous les morts étaient ressuscités pour faire cet épouvantable sabbat. Il vit des petites filles, des abbés, des colporteurs, des sacristains, des vieilles, qui aboyaient, qui grinçaient les dents, qui se roulaient par terre, qui sautaient, qui chantaient des psaumes, qui tremblaient et qui bavaient en criant, miracle, miracle !
>
> Ah bon Dieu ! dit Candide à Martin ; est-ce ainsi que la capitale d'un grand royaume est faite ! quelle différence de ce cloaque à la ville d'Eldorado.
>
> Ils n'eurent pas fait cent pas qu'ils furent arrêtés par une foule de peuple qui criait encore plus fort que la première bande, autour d'une douzaine de bières couvertes d'un drap noir, avec chacune un bénitier au pied. Candide et Martin s'informèrent du sujet de ce tumulte. Un bon homme du quartier leur dit, Messieurs, est-ce que vous ne savez pas quel impôt on a mis depuis peu sur les morts ; Candide lui jura qu'il ne savait rien de ce qui concernait les morts, et les vivants de cette pauvre ville ; qu'il était étranger, qu'il arrivait, et qu'il comptait en partir incessamment.

> Hélas, monsieur, dit le bon homme, on présente
> aux mourants depuis quelques mois des billets
> payables au porteur pour l'autre monde, que tout
> homme à l'agonie doit signer, et s'il ne signe pas, il
> n'est point enterré : en voici douze à qui on refuse
> la sépulture. Cela mettra la peste dans la ville.

Il ne reste guère de ces éléments, dans la version imprimée, que l'allusion à l'«habitué du quartier [qui] vint lui demander un billet payable au porteur pour l'autre monde » au moment où Candide tombe malade : soit, en tout et pour tout, le cinquième paragraphe de notre édition. Quand on sait, en outre, que la version originelle du chapitre était beaucoup plus courte (l'abbé périgourdin n'y apparaissait même pas), on peut aisément se représenter que la vision de Paris qui était donnée offrait de tout autres horizons critiques.

4.
Le peuple en peau de chagrin

On peut essayer d'évaluer approximativement ces changements. La version primitive du chapitre XXII met l'accent sur les méfaits du fanatisme sur le peuple. La foule parisienne s'y montre le jouet et l'instrument des querelles religieuses opposant les jansénistes et les jésuites. Les scènes d'hystérie dans le cimetière sont une allusion transparente aux convulsions qui, en 1728, saisissent de nombreuses personnes sur la tombe du diacre Paris, figure emblématique de la piété janséniste. On ose même parler de miracles. Imprudemment : le roi fait fer-

mer le cimetière. La fermeté des autorités, encoura-
gée par les jésuites, est illustrée, dans notre texte, par
la seconde raison de l'attroupement populaire : la
question des billets de confession. Le clergé les exige
dans les années 1750 pour accorder une sépulture
chrétienne aux personnes suspectées de jansénisme.

Manifestement, une tonalité lugubre domine dans
cette première version : elle montre une capitale
livrée à une piété populaire inquiétante. La version
définitive change son angle d'attaque. Avec l'ad-
jonction des longues sections consacrées à la mon-
danité (le théâtre, le jeu) et la disparition de
l'allusion aux «convulsionnaires», Voltaire vise non
les basses classes mais les nantis. C'est la critique de
l'actualité intellectuelle qui prend le pas, donnant
une touche plus policée aux infortunes de Candide.
Du coup, la satire l'emporte, et se teinte de roma-
nesque pour permettre à Voltaire de régler ses
comptes avec ses ennemis littéraires du moment : s'il
égratigne dans le conte Fréron et Gauchat, ses bêtes
noires, il les assomme dans les pamphlets qu'il fait
paraître à la même période.

5.
L'exception à la règle du conte

Du manuscrit à l'imprimé, la leçon du chapitre
change radicalement, bien qu'il soit toujours
question de mœurs frelatées : Voltaire préfère stig-
matiser les travers spirituels d'un «peuple qui
chante et qui danse» que tracer le tableau inquié-

tant des barbares religieux au cœur de la civilisation. Affaire d'affinité : Voltaire ne peut s'empêcher de partager, avec cette ville qui se ferme définitivement à lui (les autorités viennent de refuser catégoriquement son retour dans la capitale), les valeurs de raffinement de cette civilisation du luxe qu'il a chantées dans *Le mondain*. N'est-ce pas lui qui souscrit, par l'écriture même du conte, à cette analyse de la culture française qu'il met pourtant dans la bouche de l'abbé périgourdin (au demeurant escroc patenté) : « on s'y [à Paris] plaint de tout avec de grands éclats de rire ; et même on y fait en riant les actions les plus détestables » ?

Dans ce chapitre, Voltaire cède au journalisme et à la querelle parce qu'il estime sans doute plus aisé de persifler des travers qu'il connaît bien que de viser une actualité religieuse qui lui répugne. Les discussions creuses chez la bien nommée « marquise de Parolignac » sont la caricature de ce goût du « commerce » (c'est-à-dire l'« art de la conversation ») prôné par la sociabilité d'Ancien Régime. Le monde des salons est critiqué en surface sans que ses valeurs soient remises en cause fondamentalement : Voltaire ridiculise les excès du monde des privilèges et des lettres, les risques de perversion du monde des richesses, il n'en conteste pas le bien-fondé en termes de « civilisation ». La misanthropie de *Candide* n'interroge pas le progrès des sociétés en tant que tel : elle respire plus l'amertume d'un mondain frustré que le mépris d'un censeur des mœurs contemporaines. C'est Rousseau qui tiendra cette dernière posture.

Sans marquer de préférence affichée pour l'une

ou l'autre version, le duc de La Vallière avoue, dans
sa correspondance, n'avoir guère été convaincu par
le(s) chapitre(s) XXII. Il le considérait, quel que soit
le choix final, comme le plus faible de l'œuvre. Sans
suivre nécessairement ce jugement, on peut consi-
dérer que le duc de La Vallière met le doigt sur une
particularité du chapitre, qui ne peut échapper au
lecteur : cet épisode constitue comme une excrois-
sance de la polémique personnelle de l'auteur dans
l'économie du conte. Au point de mettre en péril
sa vitesse narrative caractéristique. Ce chapitre se
caractérise d'ailleurs par une longueur inhabituelle,
née des complications de l'intrigue. Finalement, le
lecteur moderne, à qui les querelles littéraires poli-
tiques et sociales du temps de Voltaire ne parlent
plus, préservera son plaisir de lecture en appréciant
le romanesque aux tonalités libertines que dégage le
chapitre XXII.

<hr>

Pour prolonger la réflexion

Frédéric DELOFFRE et Jacques CORMIER (éd.), *Voltaire
et sa « grande amie ». Correspondance complète de Voltaire
et de Mme Bentick (1740-1778)*, Oxford, Voltaire
Foundation, 2003.

Groupement de textes

Le mal sans système

CHEZ VOLTAIRE, L'APPÉTIT de bonheur est
contrarié par l'expérience des vicissitudes de l'exis-
tence : le mondain ne cesse d'être chassé du paradis
terrestre. Cette tension, au cœur de la réflexion vol-
tairienne, s'exacerbe parfois jusqu'à ce sentiment
indéfinissable d'ennui que seul le travail peut chas-
ser (voir le chapitre XXX de *Candide*) : c'est la face
noire de l'humour voltairien, la tentation du dégoût,
le désespoir absolu, sensible dans *Candide* à travers
le discours désabusé et cynique de Pococuranté, le
noble vénitien du chapitre XXV. Le héros du conte
semble y être lui-même sujet à plusieurs reprises :
c'est, par exemple, lors d'une crise mélancolique
(« La méchanceté des hommes se présentait à son
esprit dans toute sa laideur ; il ne se nourrissait
que d'idées tristes »), qu'il rencontre Martin, le
Manichéen, élu, d'après son récit, l'homme le plus
malheureux (chapitre XIX).

Car si le rire est présent, si l'attachement à la vie
est le plus fort (comme chez la vieille qui reconnaît
dans le chapitre XIII, au comble de ses infortunes :
« je voulus cent fois me tuer, mais j'aimais encore la
vie »), le mal est partout dans *Candide*, sous des

habits certes grotesques, selon l'esthétique ironique du conte philosophique. Mais c'est une vision qui caricature pour mieux souligner. Les fessées comiques que reçoit Candide au chapitre II sont le prélude aux images horribles de la guerre du chapitre suivant. L'humour devient alors cruel et révèle une obsession de l'imaginaire voltairien, l'homme dépecé :

> Ici des vieillards criblés de coups regardaient mourir leurs femmes égorgées, qui tenaient leurs enfants à leurs mamelles sanglantes ; là des filles éventrées après avoir assouvi les besoins naturels de quelques héros rendaient les derniers soupirs ; d'autres, à demi brûlées, criaient qu'on achevât de leur donner la mort. Des cervelles étaient répandues sur la terre à côté de bras et de jambes coupés.

On ne cesserait de multiplier les exemples, burlesques ou pathétiques, d'atteinte à l'intégrité physique des personnages de *Candide* : viols, fouet, torture, brûlures, démembrements sont la matière de ce récit. Ce corps assiégé, rompu, contrefait est la métaphore de l'empreinte intime du mal sur l'homme : l'homme prend conscience de quelque chose qui le dénature.

Car le mal est un scandale pour l'esprit autant que pour le corps : son inintelligibilité est une souffrance pour le penseur. La seule réplique qui vaille est de ridiculiser ceux qui ont voulu donner une réponse prématurée à ce gouffre de la réflexion : les métaphysiciens, les fauteurs de systèmes, qui s'ingénient à trouver le secret de cette providence divine si retorse au regard de la marche du monde. Par quoi, les *leitmotive* aussi bien que les variations sur les

refrains leibniziens dans *Candide* (la «raison suffisante»; le «tout est bien» qui se métamorphose au fil des chapitres en «tout est au mieux», «tout va pour le mieux») répondent ironiquement aux horreurs qui émaillent le récit. Voltaire semble vouloir dire que le mal est une défaite de la pensée mais pas de l'esprit : à travers lui, le sage peut distinguer les bonnes doctrines des mauvaises, et faire affleurer ainsi ce qui le constitue en tant qu'être vivant : la sensibilité.

Ce cheminement de la pensée voltairienne, qui s'accomplit dans *Candide,* avec toutes ses tensions irrésolues, on en voit les éléments épars en amont et en aval du conte dans de très nombreuses œuvres. L'ébranlement, littéralement, se situe en 1755, mais la lamentation sur le mal s'égrène au fil des œuvres jusqu'à la mort de l'auteur. Les mêmes thématiques, le même imaginaire du démembrement et de la dévoration, reviennent, dans des registres variés, alors que la pensée sur le mal s'infléchit au cours des décennies : le *Poème sur le désastre de Lisbonne* marque l'apogée du refus viscéral d'accepter toute réponse au mal en tant que tel. À l'autre bout, chronologique et philosophique, les *Dialogues d'Évhémère* témoignent de l'intégration douloureuse du mal dans la représentation voltairienne du monde.

1.

Le refus d'un système de la transcendance : Voltaire, l'anti-Leibniz

L'événement sinon fondateur, tout au moins déclencheur : «tremblement de terre philosophique», dit-on avec raison du désastre de Lisbonne. La terre s'ébranle le 1ᵉʳ novembre 1755 et la certitude de la civilisation vacille. Trente mille morts sans doute, beaucoup moins cependant que ce qu'on a annoncé tout d'abord. Au-delà du tableau apocalyptique, la prise de conscience philosophique. Derrière la réponse populaire par la peur religieuse, la volonté des penseurs de clarifier le débat théologique sur le mal. La nature a frappé avec indifférence : l'homme se retourne vers Dieu et s'inquiète.

1. *Poème sur le désastre de Lisbonne ou examen de cet axiome : « Tout est bien »* (1756)

Voltaire donne sa réponse, très vite, touché par l'événement. C'est le *Poème sur le désastre de Lisbonne*, œuvre pathétique : deux cent trente-quatre alexandrins où se dit, avec des accents sincères, la rage du philosophe impuissant devant cet acharnement incompréhensible, parce que gratuit, contre la vie. L'effroi causé par la catastrophe ramène tout homme, et tout particulièrement le philosophe, à

son statut d'être fragile devant une nature qui le dépasse infiniment. La sensibilité domine l'esprit : le penseur, face au tableau de la misère de l'homme, littéralement déchiré, ne peut garder la posture du sage éloigné de toute affection (selon une représentation du philosophe héritée de Lucrèce dans son *De rerum natura*) :

> Ô malheureux mortels ! ô terre déplorable !
> Ô de tous les mortels assemblage effroyable !
> D'inutiles douleurs éternel entretien !
> Philosophes trompés qui criez : « Tout est bien » ;
> Accourez, contemplez ces ruines affreuses,
> Ces débris, ces lambeaux, ces cendres malheu-
> reuses,
> Ces femmes, ces enfants l'un sur l'autre entassés,
> Sous ces marbres rompus ces membres dispersés ;
> Cent mille infortunés que la terre dévore,
> Qui, sanglants, déchirés, et palpitants encore,
> Enterrés sous leurs toits, terminent sans secours
> Dans l'horreur des tourments leurs lamentables
> jours !
> Aux cris demi-formés de leurs voix expirantes,
> Au spectacle effrayant de leurs cendres fumantes,
> [...] Direz-vous, en voyant cet amas de victimes :
> « Dieu s'est vengé, leur mort est le prix de leurs
> crimes » ?
> Quel crime, quelle faute ont commis ces enfants
> Sur le sein maternel écrasés et sanglants ?
> Lisbonne, qui n'est plus, eut-elle plus de vices
> Que Londres, que Paris, plongés dans les délices ?
> Lisbonne est abîmée, et l'on danse à Paris.
> Tranquilles spectateurs, intrépides esprits,
> De vos frères mourants contemplant les naufrages,
> Vous recherchez en paix les causes des orages :
> Mais du sort ennemi quand vous sentez les coups,
> Devenus plus humains, vous pleurez comme nous.

(vers 1-28)

Mais cette sensibilité extrême n'est pas sans valeur philosophique : elle permet de poser la seule question qui vaille, au-delà de toutes les constructions théologiques pour justifier les caprices de la nature, celle de la foi en la providence divine :

> « Tout est bien, dites-vous, et tout est nécessaire. »
> Quoi ! l'univers entier, sans ce gouffre infernal,
> Sans engloutir Lisbonne, eût-il été plus mal ?
> Êtes-vous assurés que la cause éternelle
> Qui fait tout, qui sait tout, qui créa tout pour elle,
> Ne pouvait nous jeter dans ces tristes climats
> Sans former des volcans allumés sous nos pas ?
> Borneriez-vous ainsi la suprême puissance ?
> Lui défendriez-vous d'exercer sa clémence ?
> L'éternel artisan n'a-t-il pas dans ses mains
> Des moyens infinis tout prêts pour ses desseins ?
> Je désire humblement, sans offenser mon maître,
> Que ce gouffre enflammé de soufre et de salpêtre
> Eût allumé ses feux dans le fond des déserts.
> Je respecte mon dieu, mais j'aime l'univers.
> Quand l'homme ose gémir d'un fléau si terrible,
> Il n'est point orgueilleux, hélas ! Il est sensible.

(vers 42-58)

Les penseurs qui justifient l'action de la nature en comptant pour rien les souffrances humaines sont confrontés par Voltaire à la cruauté de la description de la marche de la nature, vue comme une immense entreprise de crimes en chaîne. C'est le point extrême du doute chez Voltaire : cette vision amorale de la nature, comme un cycle de dévorations infinies, anticipe celle du marquis de Sade et marque la tentation d'une intégration pure et simple du mal en tant que nécessité de l'organisation du monde. Voltaire n'y succombe cependant

pas (c'est ce qui le sépare de Sade) : cette vision a valeur de repoussoir pour le penseur, à qui il ne reste que l'aveu de son impuissance à comprendre. Le scepticisme vient sauver Voltaire d'une doctrine du mal ; ne reste que la certitude de sa présence, objet de lamentation, à la manière du livre de Job dans la Bible :

> « Ce malheur, dites-vous, est le bien d'un autre être. »
> De mon corps tout sanglant mille insectes vont
> naître ;
> Quand la mort met le comble aux maux que j'ai
> soufferts,
> Le beau soulagement d'être mangé des vers !
> Tristes calculateurs des misères humaines,
> Ne me consolez point, vous aigrissez mes peines ;
> Et je ne vois en vous que l'effort impuissant
> D'un fier infortuné qui feint d'être content.
> Je ne suis du grand *tout* qu'une faible partie :
> Oui ; mais les animaux condamnés à la vie,
> Tous les êtres sentants, nés sous la même loi,
> Vivent dans la douleur, et meurent comme moi.
> Le vautour acharné sur sa timide proie
> De ses membres sanglants se repaît avec joie ;
> Tout semble bien pour lui ; mais bientôt à son tour
> Un aigle au bec tranchant dévore le vautour ;
> L'homme d'un plomb mortel atteint cette aigle
> altière ;
> Et l'homme aux champs de Mars couché sur la
> poussière,
> Sanglant, percé de coups, sur un tas de mourants,
> Sert d'aliment affreux aux oiseaux dévorants.
> Ainsi du monde entier tous les membres gémissent ;
> Nés tous pour les tourments, l'un par l'autre ils
> périssent
> Et vous composerez dans ce chaos fatal
> Des malheurs de chaque être un bonheur général !
> Quel bonheur ! ô mortel et faible et misérable.

> Vous criez : « Tout est bien » d'une voix lamentable,
> L'univers vous dément, et votre propre cœur
> Cent fois de votre esprit a réfuté l'erreur.
> Éléments, animaux, humains, tout est en
> [guerre.
> Il le faut avouer, le mal est sur la terre :
> Son principe secret ne nous est point connu.

(vers 92-127)

Voltaire a beau jeu, ensuite, de ridiculiser tous les dogmatismes. C'est l'aspect le plus polémique de l'œuvre, celui qu'on retrouvera dans *Candide*. Il est présent dans le sous-titre même du *Poème* où est fait clairement allusion à l'optimisme leibnizien à travers la formule « tout est bien » vulgarisée par Pope (Voltaire y revient d'ailleurs dans la préface qu'il écrit pour le *Poème*). Il affiche un scepticisme, dans la lignée de Bayle, et se refuse ainsi à répondre rationnellement à l'énigme du mal. Il ne peut qu'arborer la conviction que Dieu n'en est pas l'auteur. Toute justification formelle n'est que le mouvement d'une raison présomptueuse qui oublie que l'essence des choses nous échappe. C'est dans cette difficulté même à penser que Voltaire voit la grandeur de l'homme, non dans les résultats de son raisonnement :

> Leibniz ne m'apprend point par quels nœuds invi-
> sibles,
> Dans le mieux ordonné des univers possibles,
> Un désordre éternel, un chaos de malheurs,
> Mêle à nos vains plaisirs de réelles douleurs,
> Ni pourquoi l'innocent, ainsi que le coupable,
> Subit également ce mal inévitable.
> Je ne conçois pas plus comment tout serait bien :
> Je suis comme un docteur, hélas ! je ne sais rien.

(vers 169-176)

[...]
J'abandonne Platon, je rejette Épicure.
Bayle en sait plus qu'eux tous ; je vais le consulter :
La balance à la main, Bayle enseigne à douter,
Assez sage, assez grand pour être sans système,
Il les a tous détruits, et se combat lui-même :
Semblable à cette aveugle en butte aux Philistins,
Qui tomba sous les murs abattus par ses mains.
 Que peut donc de l'esprit la plus vaste éten-
 [due ?
Rien ; le livre du sort se ferme à notre vue.
L'homme, étranger à soi, de l'homme est ignoré.
Que suis-je, où suis-je, où vais-je, et d'où suis-je tiré ?
Atomes tourmentés sur cet amas de boue,
Que la mort engloutit et dont le sort se joue,
Mais atomes pensants, atomes dont les yeux,
Guidés par la pensée, ont mesuré les cieux ;
Au sein de l'infini nous élançons notre être,
Sans pouvoir un moment nous voir et nous
 connaître.
Ce monde, ce théâtre et d'orgueil et d'erreur,
Est plein d'infortunés qui parlent de bonheur.
Tout se plaint, tout gémit en cherchant le bien-
 être :
Nul ne voudrait mourir, nul ne voudrait renaître.

(vers 190-210)

2. *Les systèmes* (1771)

Toujours en alexandrins, mais dans un registre
satirique et une décennie après *Candide*, Voltaire est
revenu sur cette horreur des constructions méta-
physiques, qui, plus elles sont sublimes, plus elles
obscurcissent la question qu'elles souhaitaient
éclaircir. La verve comique et spirituelle des *Systèmes*,
composés de cent sept vers et finissant par un appel
à la tolérance envers les débats, forcément futiles,

sur Dieu, ne doit pas faire oublier la pertinence de la posture du critique : le refus de l'esprit de système s'ancre dans une conception de l'intelligence qui la met en étroite dépendance avec l'instinct, selon une conception de la connaissance radicalisant l'empirisme de Locke. Au-delà des phénomènes, l'esprit n'embrasse que du vent : Dieu se retire à la compréhension humaine par son caractère infini, au risque de ne plus être compris de ses créatures. Mais l'esprit voltairien voile ce que cette hypothèse pourrait avoir d'inquiétant en montrant Dieu sous un jour favorable : les facéties divines sont là aussi pour rappeler la bonté du Créateur, et sa tolérance envers la faiblesse humaine. Et Voltaire s'en donne à cœur joie en faisant défiler devant le jury divin tous les grands penseurs, de l'Antiquité grecque jusqu'aux Lumières, en passant évidemment par Leibniz :

> Lorsque le seul puissant, le seul grand, le seul
> [sage,
> De ce monde en six jours eut achevé l'ouvrage,
> Et qu'il eut arrangé tous les célestes corps,
> De sa vaste machine il cacha les ressorts,
> Et mit sur la nature un voile impénétrable.
> J'ai lu chez un rabbin que cet Être ineffable
> Un jour devant son trône assembla nos docteurs,
> Fiers enfants du sophisme, éternels et disputeurs ;
> Le bon Thomas d'Aquin, Scot, et Bonaventure
> Et jusqu'au Provençal élève d'Épicure,
> Et ce maître rené, qu'on oublie aujourd'hui,
> Grand fou persécuté par de plus fous que lui ;
> Et tous ces beaux esprits dont le savant caprice
> D'un monde imaginaire a bâti l'édifice.
> « Çà, mes amis, dit Dieu, devinez mon secret :
> Dites-moi qui je suis, et comment je suis fait ;
> Et, dans un supplément, dites-moi qui vous êtes,

Quelle force, en tout sens, fait courir les comètes ;
Et pourquoi, dans ce globe, un destin trop fatal
Pour une once de bien mit cent quintaux de mal ?
Je sais que, grâce aux soins des plus nobles génies,
Des prix sont proposés par les Académies :
J'en donnerai. Quiconque approchera du but
Aura beaucoup d'argent et fera son salut. »

(vers 1-24)

[...]
Nos docteurs, qui voyaient avec quelle indulgence
Dieu daignait compatir à tant d'extravagance,
Étalèrent bientôt cent belles visions,
De leur esprit pointu nobles inventions ;
Ils parlaient, disputaient et criaient tous ensem-
 ble.
Ainsi, lorsqu'à dîner un amateur rassemble
Quinze ou vingt raisonneurs, auteurs, commenta-
 teurs,
Rimeurs, compilateurs, chansonneurs, traducteurs,
La maison retentit des cris de la cohue ;
Les passants ébahis s'arrêtent dans la rue.
 D'un air persuadé, Malebranche assura
Qu'il faut parler au verbe, et qu'il nous répon-
 dra.
Arnauld dit que de Dieu la bonté souveraine
Exprès pour nous damner forma la race humaine.
 Leibniz avertissait le Turc et le chrétien
Que sans son harmonie on ne comprendra rien,
Que Dieu, le monde, et nous, tout n'est rien sans
 monades.

(vers 58-74)

2.

La vision du chaos et la sagesse déiste : le mal, malgré tout

C *andide* est un jalon et un témoin de l'évolution de la pensée de Voltaire sur Dieu, et la conception du mal qui en découle. À partir des années 1760, la promotion du déisme impose à Voltaire de préciser sa représentation de Dieu, en rupture avec le christianisme. Il tente de fonder une attitude d'acceptation raisonnée du monde tel qu'il va. Le poids des malheurs humains accable la raison de l'homme sans qu'il puisse renoncer à cette faculté essentielle. Comme dit le narrateur du très court récit *Histoire d'un bon bramin* (1761) écrit peu de temps après *Candide* : « Je n'aurais pas voulu être heureux à condition d'être imbécile. » Voltaire, finalement, malgré ses dénégations, n'est pas loin de proposer son propre système théologique. Le spectacle du mal et les malheurs du monde ne sont plus là seulement pour exaspérer la sensibilité et ridiculiser les justifications philosophiques de la providence, comme dans le *Poème sur le désastre de Lisbonne,* ils sont là avant tout pour établir fermement l'immense distance qui sépare Dieu de sa créature. L'infini divin humilie l'être fini qu'est l'homme dans sa prétention à répondre de tout. Dieu nous a pourvus des capacités qui nous étaient nécessaires pour notre conduite dans le monde et envers notre Créateur. Le reste est spéculation oiseuse.

Du coup, la description de la marche du monde

est toujours aussi pessimiste, mais elle change de fonction. Alors que, dans le *Poème*, Voltaire entendait manifester par son incompréhension le scandale de la gratuité du mal, depuis *Candide* et particulièrement dans la décennie 1770, la cruauté de la nature s'étale complaisamment : la raison de cette organisation inquiétante existe sans qu'on puisse la produire. Il convient seulement de se prémunir des effets les plus douloureux, en particulier quand ils tiennent à un mauvais usage par l'homme de ses capacités rationnelles dans le domaine intellectuel et social. Sinon, la nature est étrangement indifférente à l'homme : Voltaire veut rompre avec toute forme d'anthropocentrisme dans la croyance en Dieu.

1. *Il faut prendre un parti ou le principe d'action* (1772)

Au milieu de l'abondante production antireligieuse de Voltaire à partir de 1760, un texte se distingue, non par sa notoriété, mais par sa clarté et sa franchise : c'est *Il faut prendre un parti ou le principe d'action* (1772). Écrit relativement court et qui n'eut guère d'échos : Voltaire ne faisait là que redire avec concision et rigueur philosophique ce qu'il disait depuis des années, et dans tous les registres. Pourtant, cet essai ne se contente pas de défendre une nouvelle fois l'existence et les attributs divins, il illustre, dans deux chapitres en particulier, l'obsession de Voltaire quant au caractère amoral du monde vivant en général (seul l'homme pouvant être porteur d'une moralité) : la chaîne alimentaire

est une chaîne de meurtres. Manger, c'est tuer. C'est l'occasion de se moquer des auteurs du système de « l'optimisme », qui, par une ironie cruelle, ont pris la défense d'une nature qui les avait si mal pourvus :

> Non seulement nous passons notre vie à tuer et à dévorer ce que nous avons tué, mais tous les animaux s'égorgent les uns les autres ; ils y sont portés par un attrait invincible. Depuis les plus petits insectes jusqu'au rhinocéros et à l'éléphant, la terre n'est qu'un vaste champ de guerres, d'embûches, de carnage, de destruction ; il n'est point d'animal qui n'ait sa proie, et qui, pour la saisir, n'emploie pas l'équivalent de la ruse et de la rage avec laquelle l'exécrable araignée attire et dévore la mouche innocente. Un troupeau de moutons dévore en une heure, en broutant l'herbe, plus d'insectes qu'il n'y a d'hommes sur la terre.
>
> Et ce qui est encore plus cruel, c'est que, dans cette horrible scène de meurtres toujours renouvelés, on voit évidemment un dessein formé de perpétuer toutes les espèces par des cadavres sanglants de leurs ennemis mutuels. Ces victimes n'expirent qu'après que la nature a soigneusement pourvu à en fournir de nouvelles. Tout renaît pour le meurtre.
>
> (*Du mal, et en premier lieu de la destruction des bêtes*)

Ceux qui ont crié que tout est bien sont des charlatans. Shaftesbury, qui mit ce conte à la mode, était un homme très malheureux. J'ai vu Bolingbroke rongé de chagrin et de rage, et Pope, qu'il engagea à mettre en vers cette mauvaise plaisanterie, était un des hommes les plus à plaindre que j'aie jamais connus, contrefait dans son corps, inégal dans son humeur, toujours malade, toujours à charge à lui-même, harcelé par cent ennemis jusqu'au dernier

moment. Qu'on me donne du moins des heureux qui me disent : Tout est bien.

[…]

Voyez ces champs de bataille où des imbéciles ont étendu sur la terre d'autres imbéciles par le moyen d'une expérience de physique que fit autrefois un moine. Regardez ces bras, ces jambes, ces cervelles sanglantes, et tous ces membres épars : c'est le fruit d'une querelle entre deux ministres ignorants, dont ni l'un, ni l'autre n'aurait pu dire un mot devant Newton, devant Locke, devant Halley ; ou bien c'est la suite d'une querelle ridicule entre deux femmes très impertinentes. Entrez dans l'hôpital voisin, où l'on vient entasser ceux qui ne sont pas encore morts ; on leur arrache la vie par de nouveaux tourments, et des entrepreneurs font ce qu'on appelle une fortune en faisant un registre de ces malheureux, qu'on dissèque de leur vivant, à tant par jour, sous prétexte de les guérir.

[…] Pour achever ce tableau si vrai et si funeste, placez-vous entre ces inondations et ces volcans, qui ont tant de fois bouleversé tant de parties de ce globe ; placez-vous entre la lèpre et la peste, qui l'ont dévasté. Vous enfin qui lisez ceci, ressouvenez-vous de toutes vos peines, avouez que le mal existe, et n'ajoutez pas à tant de misères et d'horreurs la fureur absurde de les nier.

(*Du mal dans l'animal appelé homme*)

2. *Dialogues d'Évhémère* (1777)

Dernier texte d'explication du déisme, les *Dialogues d'Évhémère*, publiés un an avant la mort de Voltaire, rassemblent les thématiques sur le mal depuis le *Poème* et *Candide*, en poussant à terme l'intégration de la question du mal dans une réévaluation de

la figure divine. Le premier dialogue, dont nous ne citons que le début et la fin, reprend les thèmes du voyage et du jardin de *Candide*. Le pessimisme de Voltaire sur la marche des société humaines se donne libre cours, et le philosophe retrouve la posture de celui qui s'isole des tourments du monde :

> CALLICRATE : Eh bien ! sage Évhémère, qu'avez-vous vu dans vos voyages ?
> ÉVHÉMÈRE : Des sottises.
> [...] J'ai parcouru la moitié de la terre, et je n'y ai vu que des folies, des malheurs et des crimes.
> [...]
> CALLICRATE : L'espèce humaine est donc une espèce bien horrible ?
> ÉVHÉMÈRE : On dit que c'est pour que les renards et les loups mangent des agneaux.
> CALLICRATE : Non, ce monde-ci est trop misérable et trop affreux ; je voudrais savoir pourquoi tant de calamités et tant de bêtises.
> ÉVHÉMÈRE : Et moi aussi. Il y a longtemps que j'y rêve en cultivant mon jardin à Syracuse.
>
> (*Premier dialogue. Sur Alexandre*)

Le second dialogue est une mise au point décisive de Voltaire sur son rapport à Dieu et au mal : il donne enfin la réponse qu'il s'interdisait de donner en tant que penseur depuis le scandale du désastre de Lisbonne. Il sent bien d'ailleurs qu'il verse lui-même dans ce qu'il a toujours ridiculisé, l'esprit de système. Sans nier le caractère insoluble du dilemme théologique sur le mal, rappelé d'entrée de jeu, il entend lui aussi exonérer Dieu de l'origine du mal. Pour cela, il déplace légèrement la question, en jouant sur le terme d'« absolu » et inscrivant la mort dans l'ordre de la nature. Le mal y recouvre une cer-

taine nécessité, liée à la composition et à la combi-
naison des éléments finis dans un tout infini : ne
revient-il pas ainsi sur la voie frayée par Leibniz, qu'il
critiquait tant ?

CALLICRATE : [...] À l'égard du mal moral, souve-
nez-vous seulement de tout ce que vous avez vu, et
donnez l'épithète de bon à votre Dieu, si vous
l'osez. On n'a jamais répondu à ce fameux argu-
ment : ou Dieu n'a pu empêcher le mal ; et, en ce
cas est-il tout puissant ? ou il l'a pu, et il ne l'a pas
fait : alors où est sa bonté ?

ÉVHÉMÈRE : Cet ancien raisonnement, qui semble
détrôner dieu et mettre à sa place le chaos, m'a tou-
jours effrayé ; les folles horreurs dont j'ai été témoin
sur ce malheureux globe m'épouvantent encore
davantage. Cependant au pied de ce mont Etna qui
vomit la flamme et la mort autour de nous, je vois
les campagnes les plus riantes et les plus fertiles ; et,
après dix ans de carnage et de destruction, je vois
renaître dans Syracuse la paix, l'abondance, les plai-
sirs, les chansons et la philosophie : il y a donc du
bien dans ce monde, s'il y a tant de mal ; il est donc
démontré que dieu n'est pas absolument méchant,
s'il est l'auteur de tout.

CALLICRATE : Ce n'est pas assez qu'un dieu ne soit
pas toujours et complètement cruel, il faut qu'il ne
le soit jamais ; et la terre, son prétendu ouvrage, est
toujours affligée de quelque affreux désastre.
Quand l'Etna se repose, d'autres volcans sont en
fureur. Quand Alexandre n'est plus, d'autres des-
tructeurs s'élèvent ; il n'y a jamais eu un moment
sur ce globe sans désastre ni crime.

ÉVHÉMÈRE : C'est à quoi j'en veux venir. L'idée
d'un dieu bourreau, qui fait des créatures pour les
tourmenter, est horrible et absurde : l'idée de deux
dieux, dont l'un fait le bien et l'autre fait le mal, est
plus absurde encore, et n'est pas moins horrible.

Mais si on vous prouve une vérité, cette vérité existe-t-elle moins parce qu'elle traîne après elle des conséquences inquiétantes ? il y a un Être nécessaire, éternel, source de tous les êtres : existera-t-il moins parce que nous souffrons ? existera-t-il moins parce que je suis incapable d'expliquer pourquoi nous souffrons ?

CALLICRATE : Capable ou non, je vous prie de hasarder avec moi ce que vous en pensez.

ÉVHÉMÈRE : Je tremble, car je vais vous dire des choses qui ressemblent à un système, et un système qui n'est pas démontré n'est qu'une folie ingénieuse. Quoi qu'il en soit, voici la très-faible clarté que je crois apercevoir dans cette profonde nuit ; c'est à vous de l'éteindre ou de l'augmenter.

Je remarque d'abord que je n'ai pu acquérir l'idée d'un dieu qu'après avoir acquis l'idée d'un être nécessaire existant par lui-même, par sa nature, éternel, intelligent, bon et puissant. Tous ces caractères, qui me paraissent essentiels à dieu, ne me disent pas qu'il ait fait l'impossible. Il n'empêchera jamais que les trois angles d'un triangle ne soient égaux à deux droits. Il ne pourra faire que deux propositions contradictoires s'accordent. Il était probablement contradictoire que le mal n'entrât pas dans le monde ; je présume qu'il était impossible que les vents nécessaires pour balayer les terres et pour empêcher les mers de croupir, ne produisent pas des tempêtes. Les feux répandus sous l'écorce de la terre pour former les minéraux et les végétaux devaient aussi ébranler ces terres, renverser des villes, écraser leurs habitants, affaisser des montagnes et en élever d'autres.

Il eût été contradictoire que tous les animaux vécussent toujours et procréassent toujours : l'univers n'aurait pu les nourrir. Ainsi la mort, qu'on regarde comme le plus grand des maux, était aussi nécessaire que la vie. Il fallait que les désirs s'allumassent dans les organes de tous les animaux, qui ne pou-

vaient chercher leur bien-être sans le désirer ; ces
affections ne pouvaient être vives sans être vio-
lentes, et par conséquent sans exciter ces fortes pas-
sions qui produisent les querelles, les guerres, les
meurtres, les fraudes et le brigandage : enfin dieu
n'a pu former l'univers qu'aux conditions suivant
lesquelles il existe.

(*Deuxième dialogue. Sur la divinité*)

Pour prolonger la réflexion

Bronislaw BACZKO, *Job, mon ami*, Gallimard, 1997.

Theodore BESTERMAN, « Voltaire et le désastre de Lisbonne ou la mort de l'optimisme », *SVEC*, 1956, p. 7-24.

Michel DELON, « Naufrages vus de loin. Les développements narratifs d'un thème lucrétien », *Rivista di letterature moderne e comparate*, vol. XLI, Fasc. 2, Pise, 1988, p. 91-119.

Paul RICŒUR, *Le mal, un défi à la philosophie et à la théologie*, Genève, Labor et Fides, 1986.

LEIBNIZ, *Essais de théodicée* (1710).

J.-B. PONTALIS (dir.), *Le mal*, Paris, Gallimard, coll. « Folio essais », n°402, 1988.

Chronologie

Voltaire et son temps

ON SE CONTENTERA d'une esquisse : peindre la vie d'un homme aussi actif que Voltaire, à la longévité rare en son temps, relève de la gageure. Quatre-vingt-six années remplies d'une activité frénétique, et parfois dans des domaines inattendus. On se restreindra à l'homme de lettres, l'homme public et privé pouvant fasciner autant. N'oublions pas néanmoins l'ascension sociale exceptionnelle de ce fils de la bourgeoisie aisée. C'est le premier « écrivain » au sens moderne de ce terme : un homme indépendant des pouvoirs pesant sur l'opinion, et ne devant sa liberté qu'aux bénéfices de sa plume. Ajoutons-y, avec Voltaire, le sens des affaires. Au bout d'une vie trépidante, son immense fortune lui permettra de s'offrir un domaine, Ferney, qu'il mettra en valeur et qui lui assurera le statut de « seigneur » d'Ancien Régime. Ironie toute voltairienne pour l'une des figures inspiratrices de la Révolution française.

1.
Un génie précoce et libre

Dès le début de sa vie, Voltaire, né en 1694, se distingue par des dispositions rares. Après une scolarité au collège des Jésuites (1704), il s'illustre dès sa seizième année comme poète. Dans les grands genres : il vient à la satire un peu par accident, ne pouvant s'empêcher toute sa vie de railler les pouvoirs. Les contes suivront, en vers et en prose, alors qu'il est secrétaire d'ambassade à La Haye (1713). Il ne s'appelle encore que François-Marie Arouet, fils d'un riche notaire. Il ne prendra le nom de Voltaire qu'après avoir composé sa première tragédie, *Œdipe*, immense succès en 1718, et avoir ainsi assis sa réputation littéraire. Voltaire n'hérite pas d'un nom, il le crée et veut tutoyer les puissants.

Ce jeune libertin d'une vingtaine d'années prend un peu trop ses aises dans cette société d'ordres où l'on n'attaque impunément ni le pouvoir du roi ni la susceptibilité des aristocrates. Cela lui vaut un premier séjour à la Bastille (1717) pour quelques vers trop licencieux sur le Régent, et un second (1726), agrémenté d'un exil en Angleterre, après une altercation violente avec le chevalier de Rohan, homme qui ne badine pas avec ses privilèges. Le voyage le mûrit et lui donne les armes conceptuelles de son combat : il se fait le passeur des penseurs anglais, au premier rang desquels Locke et Newton. Ainsi naît-il à la philosophie sans cesser d'être mondain : il écrit les *Lettres philosophiques* (1734), jouant l'humilité

de la réflexion de Locke et le dynamisme de la société anglaise contre le fanatisme triste et effrayant du catholique Pascal. La leçon fait scandale, il doit fuir.

Il est hébergé par Mme du Châtelet, sa maîtresse pendant quinze ans, le grand amour de sa vie. Femme libre et de tête : entendons femme de pensée, et mathématicienne de surcroît. Il approfondit avec elle ses connaissances de Newton et de Leibniz ; s'initie à la critique des écritures religieuses. C'est à la fois la retraite studieuse de deux intellectuels de haut calibre et l'euphorie sociale d'une passion affichée. Une autre femme, par son soutien, fera revenir Voltaire en faveur : Mme de Pompadour assure sa promotion, ainsi que les frères d'Argenson, anciens condisciples de collège, devenus ministres. En 1745 et 1746, Voltaire connaît tous les honneurs : académicien, poète officiel avec *La bataille de Fontenoy*, et historiographe du roi. Tout lui réussit, littérairement et socialement, quand une remarque imprudente au jeu de la Reine (1747) entraîne une disgrâce royale abrupte et sans appel. Il ne pourra revenir dans la capitale que pour y mourir.

1704 Bayle, *Dictionnaire historique et critique*.
1710 Leibniz, *Essais de théodicée*.
1713 La bulle *Unigenitus* condamne officiellement la doctrine janséniste.
1715 La mort de Louis XIV ouvre la période de la Régence (achevée en 1723).
1721 Montesquieu, *Lettres persanes*.
1726 Swift, *Voyages de Gulliver*.
1733 Pope, *Essay on Man*, qui vulgarise les thèses leibniziennes.

2.
L'esprit des Lumières en action

S'ouvre alors une période d'errance et d'inquié-
tudes. Il succombe à l'appel de Frédéric II,
jeune roi guerrier amateur de belles-lettres : ils sont
en correspondance depuis 1743. Il espère être le
conseiller du roi-philosophe. Il déchante vite et
rompt avec éclat : la rivalité avec Maupertuis (qui lui
inspire *Micromégas*) met un terme à son exil en Alle-
magne. La rupture de 1753 s'ajoute à la mort de
Mme du Châtelet en 1749 : les temps sont désespé-
rants, remplis de catastrophes (le désastre de Lis-
bonne en 1755) et des horreurs de la guerre de Sept
Ans.

Il trouve la sérénité en choisissant enfin un lieu
où se poser et se protéger des vicissitudes mon-
daines. La Suisse, à portée de la France, mais libre
et paisible, lui convient. Ce sera « Les Délices »
(1754) puis Ferney entre lesquels se glisse *Candide*
(1759), résumé de son expérience tourmentée.
Enfin à l'abri des pouvoirs des grands pays d'Europe,
il se lance à partir des années 1750 dans une défense
de la philosophie par laquelle le patriarche des
lettres françaises devient aussi le modèle de
l'homme des Lumières. Ferney est le pèlerinage des
grands du monde et des penseurs en vue comme
d'Alembert. Voltaire se fait tour à tour propagan-
diste caché d'un déisme antichrétien et figure osten-
tatoire du combat contre l'intolérance. Il réhabilite
Calas (1762) tout en publiant le *Dictionnaire philoso-*

phique (1764). La cause de la raison ne le quitte plus : il l'illustre aussi bien par des contes (*L'ingénu* en 1767) que par de longs essais ou des recueils d'essais courts (les *Questions sur l'Encyclopédie* sont publiées à partir de 1770 et comptent plus de neuf volumes).

Voltaire, bien que concurrencé par Diderot ou Rousseau, se démarque par une vitalité épuisante et une prolixité qui fait sa fortune et celle de ses libraires, notamment les frères Cramer. On publie ses premières *Œuvres complètes* dès 1775. Trois ans plus tard, il meurt après avoir pu retourner enfin dans sa ville d'élection : Paris lui assure un triomphe qui l'épuise. Il meurt en symbole des Lumières : la relève est déjà là qui lui offre un monument. Condorcet et Beaumarchais participent à l'entreprise des nouvelles *Œuvres complètes* dites de Kehl, dont la parution s'étale de 1785 à 1789. La Révolution fermera la marche des honneurs en transférant ses cendres au Panthéon en 1791.

1748 Traité d'Aix-la-Chapelle qui met fin à la guerre de succession d'Autriche. Montesquieu écrit *De l'esprit des lois*.

1750 Rousseau, *Discours sur les sciences et les arts*.

1751 Diderot et d'Alembert publient le premier tome de l'*Encyclopédie*.

1753 Buffon élu en 1753 à l'Acédémie française, où il prononce son *Discours sur le style*.

1755 Tremblement de terre de Lisbonne le 1er novembre. Mort de Montesquieu.

1756 Début de la guerre de Sept Ans, où la France, la Russie et l'Autriche s'allient contre la Prusse et l'Angleterre.

1758 Rousseau, *Lettre à d'Alembert sur les spectacles*, à la suite de laquelle il se brouille définitivement avec les « philosophes ».

1762 Les jésuites sont expulsés de France.

1762 Rousseau, *Du contrat social*.

1774 Mort de Louis XV, avènement de Louis XVI.

1778 La France s'allie aux États-Unis d'Amérique (indépendance en 1776).

1789 La convocation des états généraux marque le début de l'effervescence révolutionnaire.

Pour prolonger la réflexion

Christiane MERVAUX, *Voltaire*, Paris, « En toutes lettres » Bordas, 1991.

René POMEAU (dir.), *Voltaire en son temps*, biographie en 5 volumes, Oxford, Voltaire Foundation, 1985-1994.

Éléments pour une fiche de lecture

LE LECTEUR CURIEUX d'approfondir sa lecture trouvera ci dessous quelques-unes des pistes de recherche que suggère *Candide*. L'étape préliminaire consiste à résumer l'action au fil des chapitres. On a tenté ici de baliser des thèmes et des enjeux essentiels de l'œuvre qui peuvent servir de guide dans l'élaboration d'une fiche de lecture. On les propose sous forme d'activités. Mais on présente aussi des lignes d'interprétation générale du conte.

Guerres et catastrophes : visions d'apocalypse

- Les calamités naturelles : Faites l'inventaire des différentes calamités qui émaillent l'intrigue : tempêtes, peste, tremblements de terre. En quoi sont-elles scandaleuses pour le philosophe ? Quel regard le narrateur porte-t-il sur les victimes ? Se contente-t-il d'un rôle de témoin impartial ?
- La critique de la guerre : Mettez en relation le chapitre III et l'article GUERRES du *Dictionnaire philosophique*. Comment le conte fait-il la critique de l'héroïsme guerrier ?

L'intolérance religieuse, politique et littéraire : les « cabales »

- La critique des institutions religieuses : Quelle vision de la mission civilisatrice de la religion procure le chapitre XIV consacré aux jésuites ? Qu'indique sa proximité avec les chapitres XVII-XVIII sur l'Eldorado ?
- La satire du monde des lettres : Reportez-vous au chapitre XXII : quel type d'homme de lettres le narrateur attaque-t-il ? Si on le considère comme le porte-parole de Voltaire, quelle définition du bon goût en littérature donne-t-il ?
- La critique du pouvoir : Comment apparaissent les représentants de l'autorité dans le conte ? Quelle leçon sur le pouvoir retirer du dîner des princes déchus du chapitre XXVI ?

La fantaisie verbale : la « rage d'écrire »

- L'onomastique : Essayez de déchiffrer la signification des noms des personnages (Candide, Pangloss, Thunder-ten-tronckh, Parolignac, etc.). Quel auteur avant Voltaire utilisa les mêmes procédés ? Quels rôles remplit le nom des personnages dans la compréhension de leur caractères et de leurs actions ?
- Les choix expressifs : Repérez dans l'œuvre des passages illustrant ces trois procédés (que vous définirez précisément) : humour, ironie, parodie. En quoi l'écriture du conte voltairien s'inspire-t-elle de celle de la farce ? Analysez quelques exemples précis.

Comment Voltaire construit-il ses paragraphes ? Analysez l'effet des phrases conclusives courtes dont il fait un usage récurrent.

Voyage philosophique et utopie : les idées dans la narration

- Les leçons du voyage : Reconstituez les itinéraires de Candide, la vieille et Cunégonde. Quels sont les événements historiques et les problèmes sociaux que ces périples mettent en valeur ?

 Comparez ce parcours des vicissitudes de la civilisation avec celui que propose *Voyage au bout de la nuit* de Céline en 1932. La vision de l'homme et du monde qui se dégage de ces deux œuvres est-elle similaire ?

- L'épisode de l'Eldorado dans *Candide* : Dans quelle mesure et sur quels indices (description du lieu, de ses habitants et du gouvernement politique) peut-on le rattacher à la tradition utopique (mot forgé d'après le titre du livre de Thomas More, *L'utopie*, paru en 1516) ?

 Quel sens donner à l'apparition de l'Eldorado au milieu du conte (chapitres XVII-XVIII) : Candide est-il un roman utopique ou un roman d'apprentissage ?

 Quel rôle critique peut jouer au XVIIIᵉ siècle ce recours à la fiction d'une cité idéale ?

- La polémique philosophique : Relevez tous les passages où les refrains leibniziens (« raison suffisante », « tout est bien ») sont parodiés. Permettent-ils de savoir : 1) l'opposition de Voltaire à la conception de l'harmonie défendue par Leibniz ;

2) la propre conception de Voltaire sur la question du mal ?

- Le débat philosophique sur la providence : Que retirez-vous de la confrontation des points de vue de Pangloss et Martin sur le monde ? Voltaire vous semble-t-il plus proche de l'un ou de l'autre ? Expliquez pourquoi.

Quelques outils pour guider votre lecture et vos recherches

Jean GOLDZINK, *Voltaire. Portraits littéraires*, Paris, Hachette, 1994.

Jean-Marie GOULEMOT, André MAGNAN et Didier MASSEAU (dir.), *Inventaire Voltaire*, Paris, Gallimard, Coll. « Quarto », 1995.

Ulla KÖLVING et Christiane MERVAUD, *Voltaire et ses combats*, Oxford, Voltaire Foundation, 1997.

Raymond TROUSSON, *Voyages aux pays de nulle part. Histoire littéraire de la pensée utopique*, Bruxelles, 1979.

Raymond TROUSSON et Jeroom VERCRUYSSE (dir.), *Dictionnaire général de Voltaire*, Oxford, Voltaire Foundation, 2003.

VOLTAIRE, *Candide*, lecture accompagnée par Yves STALLONI, Paris, La bibliothèque Gallimard n° 48, 2000.

Collège

Les Récits de voyage (anthologie) (144)

La Bible (textes choisis) (49)

Fabliaux (textes choisis) (37)

Mère et fille (Correspondances de Mme de Sévigné, George Sand, Sido et Colette) (anthologie) (112)

Jean ANOUILH, Le Bal des voleurs (113)

Henri BARBUSSE, Le Feu (91)

CHRÉTIEN DE TROYES, Lancelot ou le Chevalier de la Charrette (133)

CHRÉTIEN DE TROYES, Le Chevalier au Lion (2)

COLETTE, Dialogues de bêtes (36)

Joseph CONRAD, L'Hôte secret (135)

Pierre CORNEILLE, Le Cid (13)

Gustave FLAUBERT, Trois contes (6)

Jean GIONO, L'Homme qui plantait des arbres + Écrire la nature (anthologie) (134)

Wilhelm et Jacob GRIMM, Contes (textes choisis) (72)

HOMÈRE, Odyssée (18)

Victor HUGO, Claude Gueux suivi de La Chute (15)

Victor HUGO, Jean Valjean (Un parcours autour des Misérables) (117)

Thierry JONQUET, La Vie de ma mère ! (106)

Joseph KESSEL, Le Lion (30)

Jean de LA FONTAINE, Fables (34)

J.-M. G. LE CLÉZIO, Mondo et autres histoires (67)

Gaston LEROUX, Le Mystère de la chambre jaune (4)

Guy de MAUPASSANT, 12 contes réalistes (42)

Guy de MAUPASSANT, *Boule de suif* (103)

MOLIÈRE, *L'Avare* (41)

MOLIÈRE, *Le Médecin malgré lui* (20)

MOLIÈRE, *Les Fourberies de Scapin* (3)

MOLIÈRE, *Trois courtes pièces* (26)

George ORWELL, *La Ferme des animaux* (94)

Louis PERGAUD, *La Guerre des boutons* (65)

Charles PERRAULT, *Contes de ma Mère l'Oye* (9)

Jacques PRÉVERT, *Paroles* (29)

Jules RENARD, *Poil de Carotte* (66)

Antoine de SAINT-EXUPÉRY, *Vol de nuit* (114)

John STEINBECK, *Des souris et des hommes* (47)

Robert Louis STEVENSON, *L'Étrange Cas du docteur Jekyll et de M. Hyde* (53)

Michel TOURNIER, *Vendredi ou La Vie sauvage* (44)

Fred UHLMAN, *L'Ami retrouvé* (50)

Jules VALLÈS, *L'Enfant* (12)

Paul VERLAINE, *Fêtes galantes* (38)

Jules VERNE, *Le Tour du monde en 80 jours* (32)

H. G. WELLS, *La Guerre des mondes* (116)

Oscar WILDE, *Le Fantôme de Canterville* (22)

Marguerite YOURCENAR, *Comment Wang-Fô fut sauvé et autres nouvelles* (100)

Émile ZOLA, *3 nouvelles* (141)

Lycée

Série Classiques

Écrire sur la peinture (anthologie) (68)

La poésie baroque (anthologie) (14)

Nathalie SARRAUTE, *Enfance* (28)

William SHAKESPEARE, *Hamlet* (54)

SOPHOCLE, *Antigone* (93)

STENDHAL, *La Chartreuse de Parme* (74)

Michel TOURNIER, *Vendredi ou les limbes du Pacifique* (132)

Vincent VAN GOGH, *Lettres à Théo* (52)

VOLTAIRE, *Candide* (7)

VOLTAIRE, *L'Ingénu* (31)

VOLTAIRE, *Micromégas* (69)

Émile ZOLA, *L'Assommoir* (140)

Émile ZOLA, *Thérèse Raquin* (16)

Série Philosophie

Notions d'esthétique (anthologie) (110)

ALAIN, *44 Propos sur le bonheur* (105)

Hannah ARENDT, *La Crise de l'éducation*, extrait de *La Crise de la culture* (89)

ARISTOTE, *Invitation à la philosophie (Protreptique)* (85)

Saint AUGUSTIN, *La création du monde et le temps* – « Livre XI, extrait des *Confessions* » (88)

Walter BENJAMIN, *L'œuvre d'art à l'époque de sa reproductibilité technique* (123)

Albert CAMUS, *Réflexions sur la guillotine* (136)

René DESCARTES, *Méditations métaphysiques* – « 1, 2 et 3 » (77)

René DESCARTES, *Des passions en général*, extrait des *Passions de l'âme* (129)

Denis DIDEROT, *Le Rêve de d'Alembert* (139)